- 中国农业科学院科技创新工程项目"开放新格局下农业全球化理论与战略研究"(项目编号:CAAS-ASTIP-2016-AII)
- 国家自然科学基金国际(地区)合作与交流项目"中非农业技术转移机制及效果评估研究"(项目编号:71761147005)

中国对非洲农产品出口和直接投资的农业技术溢出效应研究

王静怡 著

中国农业科学技术出版社

图书在版编目(CIP)数据

中国对非洲农产品出口和直接投资的农业技术溢出效应研究 / 王静怡著. -- 北京 : 中国农业科学技术出版社, 2021.11

ISBN 978-7-5116-5567-7

Ⅰ.①中… Ⅱ.①王… Ⅲ.①农产品-出口贸易-研究-中国②农业投资-技术投资-直接投资-投资效应-研究-中国 Ⅳ.①F752.652②F832.6

中国版本图书馆 CIP 数据核字(2021)第 223689 号

责任编辑　徐定娜
责任校对　李向荣
责任印制　姜义伟　王思文

出 版 者	中国农业科学技术出版社
	北京市中关村南大街 12 号　邮编：100081
电　　话	(010) 82105169（编辑室）　(010) 82109702（发行部）
	(010) 82109709（读者服务部）
传　　真	(010) 82109707
网　　址	http://www.castp.cn
经 销 者	各地新华书店
印 刷 者	北京建宏印刷有限公司
开　　本	185 mm×260 mm　1/16
印　　张	10.75
字　　数	193 千字
版　　次	2021 年 11 月第 1 版　2021 年 11 月第 1 次印刷
定　　价	58.00 元

◀ 版权所有·翻印必究 ▶

摘　　要

中国农业走出国门，不仅有利于进一步提升中国科技创新的国际化水平，同时也有利于更多的发展中国家分享中国的农业科技成果，分享中国引进国外技术发展农业的经验，促进发展中国家的农业发展，共同致力于解决全球粮食安全、营养不良和贫困问题。在中国"走出去"战略中，中非合作是重点领域之一。中国对非洲出口贸易和直接投资属于中非合作的重要范畴，也是对非洲农业技术溢出的重要途径，进入 21 世纪后发展迅速。根据内生增长理论，研发（R&D）投入是农业全要素生产率（TFP）的增长源泉，除了本国自主研发创新以外，还可以通过国际技术溢出的方式促进技术进步，国际贸易和国际直接投资是国际技术溢出的重要方式。非洲农业增长较为粗放，农业 R&D 投入不足，农业 TFP 的提高一方面要依靠自身加强农业科研投入，另一方面可通过国际贸易或国际直接投资实现对农业 TFP 的溢出。中国对非洲的农产品出口中，农业中间品以及农业资本品占重要地位，蕴含大量农业 R&D 投入；中国对非洲直接投资集中在交通、能源、通信等基础设施领域，有助于优化资源配置。非洲农业 TFP 的现状和发展趋势如何？中国对非洲农产品出口和直接投资是否能对非洲农业 TFP 产生溢出效应？溢出的路径机理如何？非洲自身的技术吸收能力是否对溢出效应产生影响？以上是本研究要回答的关键问题。

为了回答上述问题，本研究基于内生增长理论、国际贸易、直接投资技术溢出理论和吸收能力理论，建立了理论分析框架。首先，本研究采用数据包络法，以 1971—2017 年非洲 30 个国家为样本，根据联合国粮食及农业组织（FAO）、美国农业部（USDA）等数据库的农业投入产出数据，对非洲农业 TFP 进行测算与分析；其次，对 2003—2017 年中国对非洲农产品出口和直接投资的农业技术溢出机理进行探索，根据联合国商品贸易统计数据库

（UN COMTRADE）、《中国对外直接投资统计公报》等统计数据，选取中国对非洲农产品出口和直接投资数据，建立实证模型，分别检验两者对非洲的农业技术溢出的机制；最后，选取非洲农业研发投入和人力资本水平表征技术吸收能力，检验其对农业技术溢出的影响。

主要研究结论如下：①1971—2017 年，非洲整体农业 TFP 呈波动上涨趋势，其中，21 个国家的农业 TFP 指数比基期年份有所提高，9 个国家出现了下降和倒退；②中国对非洲农产品出口具有显著的技术溢出效应，在各类农产品中农业中间品和农业资本品出口的技术溢出效应更为显著；③中国直接投资对非洲的农业 TFP 具有溢出效应，其中有接近一半的效应是通过投资基础设施领域来实现；④非洲各阶段技术吸收能力对农业技术溢出具有双门槛效应或单一门槛效应，在相应的门槛区间或者门槛之上时，技术溢出效应显著；⑤中非农业技术示范中心属于多主体参与的 PPP 模式，但该模式的应用目前尚不健全，使农业技术示范中心的经营不可持续。

基于上述结论，提出以下政策启示：第一，中非农业合作应致力于提高非洲农业生产率，特别是在非洲农业生产中投入化肥和农业机械等生产要素；第二，可以考虑出台鼓励对非农业出口的政策，尤其是出口技术含量高的农业中间品和农业资本品，使其对非洲农业技术溢出效应最大化；第三，扩大对非洲直接投资规模，与"一带一路"平台相对接，特别是加强与非洲在基础设施领域的投资合作；第四，中国在未来的中非合作中，应立足非洲各国农业发展的现实情况加强对话，传播中国农业技术发展经验，有效帮助非洲提高对中国农业技术的吸收能力；第五，中非农业合作应吸纳更多私营部门参与，且各主体应建立紧密的社会网络，将中非农合作项目嵌入当地社会。

目 录

1 绪 论 ··· 1
   1.1 研究背景 ·· 2
   1.2 研究意义 ·· 5
   1.3 文献综述 ·· 6
   1.4 研究目标和主要研究内容 ······································ 17
   1.5 研究创新之处 ·· 18

2 理论基础 ··· 21
   2.1 相关概念和研究范畴界定 ······································ 22
   2.2 理论基础 ·· 26
   2.3 理论分析框架 ·· 32
   2.4 本章小结 ·· 33

3 中国对非洲农产品出口结构和直接投资的发展动态分析 ······ 35
   3.1 中国对非洲农产品出口现状和结构特征 ·················· 36
   3.2 中国对非洲直接投资的发展动态 ···························· 42
   3.3 本章小结 ·· 51

4 非洲农业全要素生产率的测算与分析 ······························ 53
   4.1 引 言 ·· 54
   4.2 文献回顾 ·· 56

  4.3 非洲农业 TFP 的测算 …………………………………………… 59

  4.4 非洲农业 TFP 测算结果分析 …………………………………… 64

  4.5 本章小结 …………………………………………………………… 70

5 中国对非洲农产品出口的农业技术溢出效应分析 ……………… 73

  5.1 引 言 …………………………………………………………… 74

  5.2 基本计量模型构建 ………………………………………………… 75

  5.3 中国对非洲农产品出口总量的农业技术溢出效应

    实证分析 …………………………………………………………… 77

  5.4 中国对非洲不同农产品出口的农业技术溢出分析 …………… 82

  5.5 中国对非洲不同气候区域农产品出口的农业技术溢出

    效应分析 …………………………………………………………… 86

  5.6 进一步讨论 ………………………………………………………… 87

  5.7 本章小结 …………………………………………………………… 89

6 基础设施在中国对非洲直接投资农业技术溢出中的作用机制分析 …… 91

  6.1 引 言 …………………………………………………………… 92

  6.2 理论分析 …………………………………………………………… 94

  6.3 非洲基础设施水平指数构建 ……………………………………… 100

  6.4 模型设定与数据说明 ……………………………………………… 101

  6.5 实证结果分析 ……………………………………………………… 104

  6.6 稳健性检验 ………………………………………………………… 109

  6.7 本章小结 …………………………………………………………… 110

7 非洲技术吸收能力对农业技术溢出效应的影响分析 …………… 111

  7.1 引言 ………………………………………………………………… 112

  7.2 理论分析 …………………………………………………………… 114

  7.3 门槛模型构建与变量说明 ………………………………………… 116

    7.4　中国对非洲直接投资农业技术溢出的门槛效应结果分析……………121

    7.5　进一步讨论……………………………………………………………123

    7.6　本章小结………………………………………………………………126

8　中非农业合作的对策机制分析——以中国援非农业技术示范中心为例………129

    8.1　引　　言………………………………………………………………130

    8.2　PPP 模式及其在国际合作领域的应用………………………………131

    8.3　农业技术示范中心的 PPP 模式及其成效……………………………134

    8.4　农业技术示范中心的发展困境分析…………………………………136

    8.5　农业技术示范中心可持续发展的对策机制分析……………………138

    8.6　本章小结………………………………………………………………140

9　结论、启示和展望……………………………………………………………141

    9.1　主要研究结论…………………………………………………………142

    9.2　主要政策启示…………………………………………………………144

    9.3　未来研究展望…………………………………………………………147

参考文献……………………………………………………………………………149

1 绪　论

1.1 研究背景

中国农业走出国门，不仅有利于进一步提升中国科技创新的国际化水平，同时也有利于更多的发展中国家分享中国的农业科技成果，分享中国引进国外技术发展农业的经验，促进发展中国家的农业发展，共同致力于解决全球粮食安全、营养不良和贫困问题。在中国"走出去"战略中，中非合作是重点领域之一。中国政府和领导人历来重视与非洲国家的友好关系与合作，非洲独立之后，中非很快建立了外交关系，自 1991 年起至今，中国外长连续 30 年把非洲作为每年首次出访目的地。2000 年中非合作论坛建立之后，中非合作机制日益完善，双方在许多领域展开了深入的合作。

非洲丰富的农业自然资源与中国的农业技术资源具有互补性（Alden，2013），非洲具有得天独厚的农业条件，土地和光热资源丰富；而中国长期积累的精耕细作的农业生产方式以及适合小农使用的农业技术，实用且成本较低，有利于在非洲小农户之间推广。中国一向注重粮食安全问题，坚持"中国人的饭碗任何时候都要牢牢端在自己手上"，虽然当前中国能够保证口粮自给，但近年来中国已成为世界最大的农产品进口国，玉米、大豆等农产品的进口规模不断扩大。而非洲尚未实现粮食自给，对提高本地区农业生产、改善粮食安全状况有强烈的意愿。中非合作，不仅能够帮助非洲提高农业生产、增加粮食供应。当非洲农业发展到一定程度时，非洲还可为中国提供一部分农产品出口，使中国农产品进口市场多元化。

中非合作已有 60 年的历史，从早期政府主导的技术援助，例如建设农场、技术试验站和农业技术推广站，到 20 世纪 90 年代之后私营部门的逐渐加入，中非农业合作日益紧密。2000 年中非合作论坛成立，中非合作进入了全面拓展和深化的阶段，合作更加具有战略性（Chen et al.，2014）。2006 年中国颁布了《中国对非洲政策文件》，此后中非合作进入机制化阶段。2015 年中非合作高峰论坛上，中国国家主席习近平表示将鼓励中国企业在非洲建立大型农场等项目，向非洲开发项目注入 600 亿美元，建立"10+10"合作机制，派送 30 支农业专家队伍开展农业联合研究。2015 年中国政府又一次发布《中国对非洲政策文件》，提出要加快非洲农业现代化进程。2018 年中非合作论坛北京峰会上，中国国家主席习近平提出，未来将构建中非命运共同体，与非洲共同发展，实现合作共赢，将各项议程与计划同非洲各国的发展战略紧密相连，例如中非共建"一带一路"、联合国 2030 年可持续发展议程、非盟《2063 年议程》等。此外，中国将支持非洲在 2030 年前基本实现粮食安全，实施中非农业现代化合作规划和行动计划，实施 50 个农业援助项目，向非洲派遣 500 名高级农业专家。除了单边援助以外，中国还在南南合作框架下，积极参与多边合作，与非洲开展农业技术交流。

中国对非洲农产品出口[①]和直接投资属于中非合作的重要范畴，近年来迅速发展。在中国对非洲农产品出口方面，出口规模和市场份额均取得了一定进展，特别是农业中间品（如化肥农药）和农业资本品（如农业机械）的出口显著上升，这 2 种产品都属于农业研发技术投入含量较多的产品。2017 年中国对非洲的农业中间品和农业资本品的出口占非洲市场份额分别从 2000 年的不到 10%增长至 21%和 26%[②]，中国成为非洲农业中间品和农业资本品的重要来源国。在对非洲直接投资方面，进入 21 世纪以来，中国对非洲的直接投资力度加大，投资规模和总额都有所增长，2017 年对非洲直接投资流量达到 41.9 亿美元，存量达到 432.9 亿美元。虽然中国对非洲的投资中，农业投资占比很小，而是主要集中在能源、建筑等基础设施领域，但非洲多数国家交通设施薄弱，且分布不平衡，严重制约着生产要素的自由有效流动，是非洲经济和农业发展的最大瓶颈之一。

非洲独立以来，农业部门得到增长，特别是进入 21 世纪以来，撒哈拉南部非洲的平均农业产值增长率保持在 4.3%，许多地区的平均增长率出现快速提高，只在 2008 年粮食危机中有短期的停滞。根据联合国粮食及农业组织（FAO）统计数据，2000 年后非洲农业增长更为稳定。除西非部分国家外，非洲所有地区都实现了农业的稳定增长，农业产量稳定提高。但与此形成鲜明对比的是，非洲同期单位土地的农业产值年均增长率仅为 1.4%，由此可以推知，非洲国家的农业增长主要是由土地和资源扩张以及大量劳动力的投入带来的，是一种较为粗放型的增长。这不仅不具有可持续性，还不利于解决本地区的粮食安全问题。80%的非洲国家农业生产水平不足，粮食产量不能满足本地区的需求，粮食安全问题严峻，每年都需要大量进口。2017 年，全球有 18 个国家由于极端天气造成粮食和人道主义危机，波及 7400 万人口，其中 11 个国家为非洲国家，共有 3700 万人口面临严峻的粮食安全问

---

① 本书对农产品出口界定为广义的农产品出口，其中包括农业资本品的出口。具体界定见 2.1.1 小节。

② 数据来源：UNCOMTRADE 数据库。

题①。2014—2018年,全球平均粮食短缺人口占总人口比重为8%左右,而非洲地区比例超过20%。由于西方对非洲殖民的历史遗留问题,很多非洲国家的经济体系单一,多依靠本国丰富的矿产资源开采和出口支撑国民经济的运行。经济结构失衡,导致农业部门的产出收益更为低下,为了获取外汇,大部分非洲国家生产的主要是经济作物,以出口为导向,导致粮食作物生产成为非洲农业发展的短板。基础农业发展面临的挑战,使非洲常常陷入发展困境。

目前,学界对非洲粮食安全问题的原因有了普遍认识,如农业生产力低下、农业科研投入短缺、农业技术人员不足以及国际市场粮价的波动等。但非洲国家自然资源充沛且多样,农业发展条件优越,而农业发展依然滞后,说明非洲国家的农业发展可能存在投入要素利用率不高或要素资源配置不合理的问题,这就需要关注非洲的农业全要素生产率(Total Factor Productivity,TFP)。TFP反映了生产过程中所有投入要素的综合使用效率,根据内生增长理论,R&D投入是TFP的增长源泉。非洲农业研发投入近年来不断增长,但在农业快速发展和对农业技术创新有巨大需求的背景下,投入依然不足。农业研发强度比率(Agricultural R&D intensity ratio)是指一个国家公共部门农业研发投入占其农业产出的比例,是一个投资水平的衡量指标。从总量上来看,2000—2017年非洲农业研发投入的年均增长率为1.77%,但其农业研发强度比率却在持续下降,同期年均增长率为-3.23%,这表明非洲农业研发投入水平已经落后于农业产出的增长。

以Romer et al.(1986)、Lucas(1988)为代表的新增长理论强调了技术进步对经济增长的关键作用,是经济增长的源泉。一个国家除了在本国进行人力资本积累、研发投入和自主创新以外,由于技术具有正外部性,还可以通过国际技术溢出的方式促进技术进步,将国外的R&D活动通过国际合作的方式在本国产生影响(Posner,1961;Vernon,1966)。在国际合作中,技术欠发达国家通过模仿、吸收和消化技术、"干中学"等途径,使国外先进技术成为本国技术积累的重要来源。国际贸易和国际直接投资(FDI)是国际技术溢出的重要方式,发达国家可通过贸易向发展中国家传播技术,虽然国际劳务合作、劳务输出、国际经济援助等方式也是国际技术溢出的重要途径,但以国际贸易和FDI的技术溢出效应最为显著(Grossman et al.,1991)。非洲的农业研发投入不足以满足自身发展需求,这启示非洲可以广泛寻求国际合作。在这种背景下,中国以平等互利等原则的中非合作具有

---

① 数据来源:FAO数据库。

广阔的前景,中国有潜力在非洲农业的发展中发挥更大作用。

国际技术溢出主要发生在进口国或东道国,因此在研究出口和直接投资的技术溢出效应时,相对于出口国或投资国,更应全面考虑进口国和东道国的情况。吸收能力是指技术接受国在有效吸收和利用外来技术方面需具备的能力与基础条件,在产生技术溢出效应的过程中发挥着重要的调节或中介作用,甚至一定程度上决定了技术溢出程度及其效果。研究认为,当技术接受国具有较强的吸收能力时,越能充分利用外来技术,甚至能在吸收消化外来技术的基础上产生创新。主流观点认为,对于一些技术接受国,外来技术传入和扩散溢出的不尽如人意,主要是因为吸收能力的匮乏。非洲地区不仅农业技术较为落后,其技术吸收能力也不足乐观:农业研发水平较低,农业技术推广体系不完善;教育投入力度的不足导致人力资本水平较低,制约了经济和农业发展。

中国对非洲的农产品出口中,农业中间品和农业资本品占重要地位,含有大量农业 R&D 投入;中国对非洲的直接投资集中在基础设施、能源等领域,有助于优化资源配置。对非洲来说,提高农业 TFP 一方面要依靠自身加强农业科研投入,另一方面可通过国际贸易或国际直接投资来实现。中国对非洲农产品出口和直接投资是否能对非洲农业 TFP 产生溢出效应?溢出的路径机理如何?非洲自身的农业技术吸收能力是否对溢出效应产生影响?中非农业未来的合作应建立怎样的机制?本研究将对以上问题进行回答,为未来中国对非洲农产品出口和直接投资的完善和政策制定提供一定的参考,也为非洲分享中国农业发展经验、促进非洲农业发展提供一个分析视角。

1.2 研究意义

中国对非洲的农产品出口和直接投资都呈现快速发展,在此背景下研究中国农产品出口和直接投资对非洲农业技术溢出效应和路径机理,总体来讲具有一定的理论和现实意义。

从理论上来看,本书立足宏观层面,构建中国对非洲农产品出口和直接投资的技术溢出理论分析框架,具有以下意义:第一,在内生增长理论框架下,对出口和直接投资对于进口国或东道国的技术溢出效应进行深入探讨,研究技术溢出效应的路径机理,有助于为内生增长理论提供新的证据、增进对内生增长理论的理解;第二,站在非洲的角度,探讨引进外来技术对本地区农业技术的溢出作用,并进一步从技术吸收能力角度，探讨影响技术溢出效应的因素，有助于为非洲和更广大发展中经济体利用外国技术、提高本国农业技术水平提供理论支撑。

从实践上来看，本研究具有以下意义：首先，探明中国经济活动对非洲农业技术溢出的效果及路径机理，为优化未来中非合作、提高中国直接投资和农产品出口的技术溢出效率，以及使技术溢出效果最大化，提供一定的政策参考；其次，站在非洲的角度，结合非洲农业技术吸收能力，考察中国对其农产品出口和直接投资的农业技术溢出，可为评估中国对外出口和直接投资的效果提供较为客观的视角；最后，为中国农业对外开放水平的提升、中国农业"走出去"提供科学和可靠的政策证据，也可为中国与"一带一路"国家及更大范围国家的合作提供参考借鉴。

1.3 文献综述

首先，围绕国际技术溢出的概念及其产生渠道进行综述，梳理关于国际贸易和国际直接投资技术溢出的相关研究；之后，厘清国际贸易与国际直接投资对非洲农业技术溢出的相关研究；最后，梳理总结中国对非洲农产品出口和直接投资农业技术溢出的相关研究。

1.3.1 国际技术溢出的产生渠道

技术溢出（Technology Spillovers）是一种非自愿的技术扩散，通常发生在具有技术优势的企业和本行业领域或非本行业领域的其他企业之间。技术溢出国在经济活动的各个过程中都会受到影响，包括研发、生产、管理和市场等，相关的技术包括新工艺、新发明或者新的生产组织方式。与技术溢出本质含义相同的概念包括技术溢出效应、技术外溢效应等，虽然有一定的差异，但未经严格区分。技术溢出不仅会发生在一个国家，在开放经济条件下，一国技术进步不仅与本国的研发行为有关，还受到世界其他国家的研发行为影响，这就引出了国际技术溢出（International Technology Spillovers），即技术溢出的范围跨越了国界，属于国家之间的溢出。具体来讲，在开放经济条件下，各种国际合作途径将技术传播至国外，产生了跨越国界的技术溢出，这也属于一种跨国界的外部性，通常正的外部性可引起技术溢出国的技术进步和生产率水平提高。

广义而言，国际技术溢出通常可分为两种形式：一种是非物化的技术溢出，另一种是物化技术溢出。其中，第一种主要包括科技人员的国际流动带来技术转移，如派遣人员出国留学或技术考察、跨国聘请技术人员以及对相关人员进行培训等，通过科技人员这一技术的"活"载体实现国际技术转移。此外，科技人员参加国际学术组织与机构开展的学术会议、出版学术期刊、发表研究论文和报告等，使得技术在科技成员中得到了交流和扩散。其次，政府之间、政府与国际组织之间通过技术援助、科技馈赠等形式，将技术让渡给接受方，实现技术转移。这一方式通常是技术供给方根据接受方的需求，利用人员、技术、设备等通过相关的技术项目或服务，在技术接受国援建工厂、基础设施以及派遣科技人员等，提供技术援助，以达到政治或军事目的（傅素英，2009）。非商业性的技术转移形式没有直接的买卖关系，属于非商业性质，是无偿的或极为优惠，通常是政府或其他社会团体的参与行为，缺点是技术转移过程迟缓，且得到转移的主要是标准化的或面临淘汰的技术，且发生频率不高（吕立才 等，2007）。有关非物化的技术溢出研究难度较大，因此就现有研究来看相关研究并不多见。第二种国际技术溢出形式为物化技术溢出，技术具有具体形式的载体，如国际贸易商品、投资品等，商品和资本品的流动产生了间接的技术溢出。具体包括国际贸易和国际直接投资2种主要形式。

（1）国际贸易技术溢出

贸易是商业性国际技术溢出的最基本形式，包括两种情况。第一种情况是技术创新国运用新技术生产出产品并出口到其他国家，这些产品包括关键设备、先进仪器等，输出过程中，技术和工艺随之转移。这种情况下，技术和工艺物化于产品中，在交易的过程中实现技术国际转移。第二种情况是技术专利、专有技术、工艺规范和商标等知识形态的技术贸易，通常是通过许可证贸易的方式对技术使用权进行转移，这是技术转移的主要途径，使用该技术生产并出售，是技术转移的高级形式。这种方式有利于提高技术接受国的技术水平和开发能力，减少对国外技术的依赖，节约研发活动时间和生产要素成本（傅素英，2009）。

（2）国际直接投资技术溢出

国际直接投资是指技术供给方在技术接受方建立合资或独资企业等生产或经营场所，在生产和经营过程中运用本国的技术，实现技术转移。国际直接投资和技术转移被看作是可以互相替代的选择（Mansfield，1975），吸收外国直接投资是以"资本"为载体，通过资本的跨国流动而实现农业技术要素的国际转移，这是世界经济一体化过程中的一种趋势（魏锴，2013）。对发展中国家来说，技术贸易的方式成本高，引进的技术不具备本土适用性，且容易产生技术依赖，因此发展中国家越来越关注以引进外商直接投资的形式引进技术，并发现跨国公司倾向于通过此方式在东道国传递最新的和最可获利的技术。相对于贸易而言，国际技术溢出更容易通过国际直接投资而实现。国际直接投资往往伴随着国际贸易，因此是国际技术转移首要渠道和途径（傅素英，2009；Cheung et al.，2004；JR-Tsung，2004）。国际直接投资控制了发达国家到发展中国家的技术流，有研究指出一国的技术创新通常不是源自本国的研发活动，而是通过转移国外技术实现的（吕立才 等，2007；Cole et al.，1995；Eaton et al.，1999）。

综上而言，国际技术溢出通过国际贸易和投资等途径发生，高技术水平国家将生产加工技术、管理技术和研发技术等转移至技术落后国，提高其生产率和经济水平。在国际技术溢出渠道中，国际贸易和 FDI 是被研究得最为深入的。本书的研究目标是中国对非洲农产品出口和 FDI 的技术溢出效应，因此下面将主要梳理国际贸易和国际直接投资 2 种渠道技术溢出效应机理的相关研究。

1.3.2　国际贸易和国际直接投资的技术溢出机理

（1）国际贸易的技术溢出效应机理

新古典经济学理论将全要素生产率（TFP）或技术进步当作外生变量，而没有探究 TFP 增长的源泉。Romer et al.（1986）提出的新经济增长理论将知识纳入分析框架中，提出内生增长模型，指出创新活动是一国技术进步和生产力增长的重要保证。Romer et al.（1986）及 Aghion et al.（2005）把研发活动（R&D）纳入模型，认为 R&D 活动的积累能够促进创新，并增强对外来知识和技术的吸收与模仿能力。R&D 投入不仅能够促进本国技术进步，还能通过国际贸易、国际直接投资和国际人员流动往来，直接或间接促进别国的技术进步，在开放经济中，进口贸易是国际技术溢出的方式。Grossman et al.（1991）分析了中间产品和最终产品的国际贸易对经济增长的影响，发现中间产品的贸易能产生显著的技术扩散效果，特别是当一国 R&D 活动研发出的新中间产品与现有中间产品有所不同，或者比现有中间产品更好，与现有中间产品有水平差异或垂直差异。若此时将这些产品出口，则能够向进口国扩散相应技术，提高进口国的研发水平和技术水平，进而提高其生产率和促进经济增长。

Cole et al.（1995）首次通过实证方法探讨了进口贸易对技术溢出和 TFP 增长的影响，建立了以双边进口份额为权重的国际研发知识溢出模型（以下简称 CH 模型），构造了国外 R&D 存量，考察出口国的 R&D 是如何通过出口将技术外溢到进口国，并影响其技术进步。Cole et al.（1995）在 21 个 OECD 国家和以色列的面板数据基础上检验了进口贸易的溢出效应，发现贸易伙伴国的研发投入能够显著提升本国全要素生产率，且国内开放程度越高，提升效果越显著。之后，Cole et al.（1997）在 CH 模型的基础上，进一步探究了进口贸易对发展中国家的影响，结果表明：当本国人力资本处于充裕水平时，发展中国家可通过进口来引入工业化国家的研发成果。此后对贸易技术溢出效应的研究都是建立在 CH 模型基础上的，并进行了一定的扩展，如 Xu（2000）对 CH 模型中的贸易品进行区分，分为资本品和非资本品；Schiff et al.（2017）在 CH 模型的基础上检验拉美国家的贸易溢出效应，并加入了人力资本和制度变量，结果表明一国的教育和政府执政能力对 TFP 具有显著作用。大多数国内对贸易技术溢出效应的讨论同样建立在 CH 模型上，运用中国的面板数据检验中国进口贸易的技术溢出效应，发现进口对中国 TFP 存在显著的促进作用（方希桦 等，2004；赖明勇 等，2005；喻美辞 等，2016；杨志远 等，2014）。

　　国际贸易中，资本品贸易可能产生较大的溢出效应。资本品是直接应用于生产过程中的产品，具有技术含量高、大幅促进生产效率提升的特点，资本品的进口是产生国际技术溢出的重要途径。资本品是技术的物化和载体，其进口增加了进口国资本品的种类，不同种类的资本品相互补充，能够放大技术溢出效果。资本品的进口不仅可以提高进口国的技术装备水平，还能进一步引发产业内人员流动，优化产业结构和劳动就业结构。另外，机械等资本品的使用和操作，蕴含了生产技术和知识，也会转移一部分隐性知识和非物化的技术，客观上提高劳动者的操作技能、工作熟练程度和专业水平，不断学习、消化、再创新进口机器设备中所含的前沿技术，提高人力资本和生产效率，因此资本品进口能一定程度上节约技术研发的经济和时间成本，提高后发国家的技术创新能力，具有显著的投入产出效应（Cole et al.，1995；Eaton et al.，1996），对进口国的整体生产力提升有显著作用。最后，进口自发达国家的高质量、高性能资本品，会在国内市场形成竞争效应，激励国内企业学习和模仿先进和专业化技术、提高研发投入，最终形成自身的核心竞争力。

　　在国际贸易中，农产品贸易占据重要地位，通过农产品贸易获取科研成果并形成技术溢出效应，已得到越来越多学者的重视。Schimmelpfennig et al.（1999）以欧盟和美国为样本，检验了二者之间的农业技术溢出。Johnson et al.（1999）将 R&D 活动按照公共投资和私人投资进行了分解，在考虑农业专利的基础上，进行了农业贸易技术溢出效果的比较分析。Gutierrez et al.（2003）在 CH 模型的基础上，通过测算 47 个国家的农业 TFP，分析农业贸易技术溢出效应。吕立才等（2007）发现跨国公司的发展为农业研发技术国际扩散形成了基础并提供了动力。程国强等（2014）强调应统筹利用国际国内 2 种资源，发展农产品贸易。刘舜佳等（2015）将 CH 模型扩展为非线性结构空间模型，检验农产品贸易知识对中国农业 TFP 的溢出效应，并检验了隐性知识的二次溢出效应。高奇正等（2018）测算了 38 个国家的农业 TFP，并将农业进口产品分为农产品、农业中间品和农业资本品，通过检验发现农业中间品贸易具有更为明显的技术溢出效果，且发达国家承担了更多的技术溢出作用。刘舜佳等（2018）发现农产品贸易的技术溢出有助于降低我国化肥污染排放量，且与地区农业经济增长水平呈倒 U 形关系。龚斌磊（2019）通过测算 107 个国家在农业生产上的溢出效应，指出中国与"一带一路"沿线国家加强农产品贸易能使双方的农业增长实现更大的单位溢出效应。

与制造业产品贸易相比，农产品贸易的技术溢出效应相对不易发生，这首先是因为农业发展受到自然条件和资源禀赋的影响，有些国家由于农业发展条件大相径庭，各自的农业技术往往有天壤之别，使农业技术溢出不易发生。此外，农业技术的扩散受到农户认知水平、成本收益、经营规模的影响，相比工业技术扩散更具复杂性。其次，农产品通常不具备中间投入属性，不像工业资本品那样可以提供物化型、具有实体属性的技术，为下游产业提供中间投入技术。但农产品由于携带非物化型的隐性知识，其贸易依然能够为进口国形成技术溢出（刘舜佳 等，2015）。农业技术可分为硬件和软件技术，硬件技术如农业机械、农药、化肥和种质资源等，软件技术包括农业技术知识、管理经验等（魏锴，2013），郑云（2011）将农业技术分为建立在自然科学和社会科学基础上的有形技术和无形技术。有形的产品如农产品贸易往往面临严格的国际食品安全标准，且要求相应的国际营销和运输水平，同时加剧进口国国内的农业竞争，特别是化肥、农药、机械等中间品和资本品的进口可以加强资源整合能力（高奇正 等，2018），有助于带动国内农产品生产水平的提高；无形技术如创新观念等，将有助于改造进口国的农户落后守旧思想，分享进口国的农业研发成果，改造传统的农业生产行为（刘舜佳 等，2015）。

（2）国际直接投资的技术溢出效应机理

国际直接投资对东道国的经济影响主要有 2 种方式：资本积累和技术溢出。基于本书的研究目的，对国际直接投资的技术溢出作用进行了文献综述。

对国际直接投资技术溢出做出第 1 次全面描述的是 Caves（1971），同时他还考察了国际直接投资对关税、产业模式和社会福利的影响。Findley（1978）提出国际直接投资提高东道国技术水平的方式是通过扩散效应，通过构建内生动态化模型，检验了技术扩散的影响因素，包括技术差距和外资份额等静态特征，得出当投资国与东道国之间存在较大的技术差距时，技术扩散效应往往越大，且投资国在东道国的企业资本份额越高，技术扩散效应也越大。

已有文献主要从两方面对国际直接投资的技术溢出效应进行阐述：第1类是从产业组织理论的角度进行。这一类研究多从微观层面对跨国公司进行分析，研究重点是跨国公司母公司和子公司之间的技术转移，通常由投资国的母公司将技术转移至东道国的子公司中，在这一过程中发生技术的国际溢出效应（Koizumi et al., 1971；Findley，1978；Das，1987；Wang et al.，1992）。具体转移的技术包括专利、研发管理经验、先进的生产方式和设备等有形技术；第2类则主要从经济增长的理论角度进行论述。在内生经济增长理论产生后，学界对技术溢出的国际直接投资途径进行了大量研究，在较早时期，Wang et al.（1992）在研究增长和资本之间的相互作用时，构建了动态模型，包含2个国家，假设资本可在两国间自由流动，随着资本由发达国家流向欠发达国家，欠发达国家的人力资本和技术水平都将增加，进而减小与发达国家之间的收入差距。Walz（1997）建立了内生增长模型并将国际直接投资纳入模型中，得出当跨国公司投资活动能够带来知识溢出，并提高东道国技术创新时，东道国本土企业就有了更大的经济利润动力去进行创新，从而导致技术进步，因此促进国际直接投资的政策会对欠发达国家的经济增长产生促进作用。在外商直接投资技术溢出的实证研究方面，Caves（1974）和 Groberman（1979）在经济增长的理论上，建立实证模型分析了外商直接投资对东道国经济的影响，起到了开创作用。随后，学者开始以不同的国家和地区为样本，探讨外商直接投资的技术溢出作用。相关研究主要以发展中国家为研究目标，例如印度（Basaunt et al.）、乌拉圭（Kokko et al.，1996）和印度尼西亚（Kokko，1996）等国。

在国际直接投资对东道国农业发展影响方面，国内外许多研究证实国际直接投资有积极作用。例如 Foster（1999）发现，外商直接投资对东道国农业全产业链具有重要影响，他以新独立国家作为样本，研究得出外商直接投资提高了东道国的农业仓储水平、拓展了农业产业链条、增加了生产农产品附加值。此外，国际直接投资还有效改善东道国传统的农业生产方式，为农业企业注入资本，提高农业生产的技术含量，可以促使劳动力要素流入，通过高技能劳动力改善管理经营水平和创新研发能力。Walkenhorst（2000）考察了国际直接投资在中欧国家农业领域的成功案例，发现甜菜加工等农业产业吸收国际直接投资得到了显著的积极效果，填补了当地国内投资的不足，同时还提高了农产品加工技术以及农产品附加值。Gow et al. (2000) 发现在经济处于转型期的国家，吸引国际直接投资对本国的农业产业发展将产生重要的正向作用，例如斯洛伐克在农业领域引入了国际直接投资，促进了相关产业和农产品加工业的发展，此外还优化了农业产业链条，使上下部门都得到有效发展。Furtan et al. (2004) 针对加拿大和美国的农产品贸易进行了研究，发现在进行农产品贸易的同时，国际直接投资不仅能够促进贸易发展，还存在技术溢出，促进了农业和食品行业的先进技术从美国引入加拿大，进一步提高了加拿大农产品竞争力。

国内学者通常从中国视角出发，讨论引入外商直接投资对我国农业领域的技术溢出效应。李泳（2006）发现外商直接投资改变了我国的农产品供给结构，外资促进肉类加工行业迅速增长，农产品加工业的增长极大地受益于外资引入，每吸收1单位的外商直接投资可带来0.39单位的农产品加工业增长，并且提高了发展技术。吕立才等（2006）构建了面板模型，研究得出外商直接投资对中国农业企业的劳动生产率有显著的正面作用，劳动生产率的外商直接投资弹性为0.29。尹征杰（2007）根据1995—2004年中国农业吸收外商直接投资与农业产值数据，通过回归发现每吸收1单位的FDI，农业GDP增加0.36单位，同时还促进了农产品贸易发展和农业技术进步。陈灿煌（2008）通过分析1984—2006年中国农业领域吸收外商直接投资的情况，发现外商直接投资改善了我国农产品出口结构，外商直接投资提高了水果、肉类加工等农产品加工业的技术水平，提高了国际竞争力，但对于深加工和精加工的农产品加工企业却存在阻碍作用。谢海军等（2008）研究了我国东北地区的外商直接投资与农业发展的相互关系，发现外商直接投资在长期促进了农业经济增长，而相反农业增长则未能吸引外商直接投资，即双方之间存在单向作用。盛垒（2010）证明通过外商直接投资吸收R&D存量可以带动国内相关产业技术创新的发展；魏锴（2013）从理论方面论述了外商直接投资对我国农业现代化发展具有重要作用；尹雷等（2011）基于1999—2008年中国农产品加工业吸引外商直接投资和就业数据，通过面板协整理论方法，发现外商直接投资为我国农产品加工业创造了更多的就业机会，促进了农业加工业的发展。孙致陆等（2014）研究发现，外商农业直接投资在中国产生了显著的技术溢出，提高了中国农业技术效率，促进了农业技术进步，在整体上有助于中国农业产业和农业技术发展。

1.3.3 国际贸易和投资对非洲的农业技术溢出效应

非洲有庞大的消费者，具有巨大的消费潜力，未来有望成为全球最大的市场，经济前景乐观。因此，非洲吸引了国际资本的关注，成为国际贸易与投资的热土。目前有关非洲的研究中，大部分学者肯定了国际贸易和国际直接投资对非洲经济增长的溢出作用，相关研究多从实证的角度开展，其中，Zahonogo（2016）根据1980—2012年42个非洲国家的面板数据，估计了贸易开放对经济增长的影响，发现贸易开放程度与非洲经济增长之间的呈U形曲线的关系，即随着贸易开放程度的提高，经济首先会受到外部冲击而有所衰退，但随后会出现增长。Drummond et al.（2015）建立了1995—2012年中国与非洲的动态面板模型，研究中国投资对非洲的溢出作用，发现中国投资增加1%，非洲出口增长0.6%，在产油国特别是石油出口国，溢出作用更大。Adams et al.（2015）检验了1980—2011年22个非洲国家外商直接投资与经济增长的关系，发现外商直接投资与制度的交互项对经济增长具有正向意义，制度因素包括信贷市场制度、商业制度和劳动力市场制度，这也意味着外商直接投资的积极作用需建立在有效的规章制度上。Zekarias（2016）根据1980—2013年东非14个国家的面板数据，通过动态GMM模型研究了外商直接投资对经济增长的影响，并得出了外商直接投资对经济发展起到正面效果的结论。Sunde（2017）将外商直接投资、贸易和经济增长纳入同一研究框架，针对南非进行了分析，发现三者之间存在长期协整关系，且外商直接投资和贸易都对经济增长产生促进作用，因此南非应为外商提供投资动力，为其创造良好的宏观经济环境。在农业方面的研究较少，其中Elibariki（2007）发现，外商直接投资对坦桑尼亚的农业具有正面效应，他从坦桑尼亚吸引外商直接投资的区位优势出发，得出外商直接投资能够提高当地农业生产率的结论，此外还研究了外商直接投资对农业起正面作用的条件，包括稳定的经济环境、良好的政治制度、完善的组织结构和管理架构。

1.3.4 中国对非洲贸易和直接投资的农业技术溢出效应

发展中国家的经济实力不断增强，以中国为代表的发展中国家在国际合作中的地位越来越重要，对外贸易和投资的数量及规模扩大，其中非洲是中国重要的贸易、投资伙伴国。王勇等（2004）探讨了中国对非洲农业投资的可行性。陈宗德（2004）指出，中国对非洲投资的优先领域包括农业农村发展、工业制造业、建筑制造业、基础设施领域和信息产业，未来这些领域依然是中国对非洲的投资重点。陈颖等（2007）提出农业对外投资、农业"走出去"是推动中国农业发展的重要战略，应将农业投资与贸易相结合。俞毅（2009）认为非洲自然资源丰富，具有接受农业投资的自然条件，中国对非洲投资需根据非洲农业贸易比较优势进行投资的重点行业选择。外商直接投资能够增加非洲的资本存量，带动税收、生产率提升，同时外商直接投资还具备生产技术溢出的效果。这是因为中国国内企业使用的生产技术和原理相比于发达国家，更适合非洲国家的经济技术水平；此外，中国对非洲直接投资还有利于非洲提高交通等基础设施水平，从而进一步促进双边贸易活动的展开。李小云（2010）、Gerlach et al.（2010）认为中非农业合作具有巨大的潜力，非洲生产要素投入过低，如化肥、种子和农药等，是导致农业生产水平低下的重要原因之一，而中国在农业生产投入方面具有重要经验和优势。解决粮食安全问题事关非洲脱贫和稳定发展，中非经贸合作应将农业作为优先领域，中国应始终以帮助非洲解决粮食安全问题作为合作的出发点。Omilola et al.（2010）通过调查发现，许多非洲国家已经开始逐步承诺实行非洲发展新伙伴关系（NEPAD）和非洲农业发展综合计划（CAADP），致力于发展本地区农业，非洲具有丰富的农业资源和优厚的自然条件，而中国农业资源较为匮乏，经济发展与资源短缺特别是耕地面积减少的矛盾不断加剧。中非农业具有资源、技术和发展经验上的互补性，这也表明中非农业合作具有光明前景。中国对非洲的贸易、投资和基础设施建设，对非洲的经济增长日益重要，促进了非洲经济的可持续发展。刘青海（2011）指出，随着地理距离和交通通信、制度、文化、人口等人为距离的增加，技术扩散会相应地减弱，从这方面来说，改善人为距离，能够改善撒哈拉以南非洲的技术扩散效应，因此中国以大量基础设施建设为主的直接投资将对非洲经济增长做出重要贡献。刘爱兰等（2012）认为，中国对撒哈拉以南非洲的直接投资促进当地经济发展、带动就业及双边贸易，这是由于中国的直接投资能够弥补当地的财政资金缺口，填补基建不足并带动当地工业生产和就业。汪文卿等（2014）在索洛模型的基础上，将撒哈拉以南非洲地区接收的投资分为来自中国和其他国家的投资，经过回归分析，得出中国的直接投资促进了撒哈拉以南非洲的经济增长。

中非贸易往来和直接投资日益频繁，不仅能够提升非洲国家的经济发展水平，还因为市场多元化而带来经济稳定。与投资类似，中国对非洲的出口也能对该区域的经济增长产生促进作用。Hnatkovska et al.（2004）从成本收益角度出发，指出在中非贸易中，中国为生产原料的需求方，且大量的需求一定程度上提高了生产原料的国际价格，而非洲是原料生产区域，为生产原料的提供方，因此在中非贸易中非洲能获取较大的收益。有学者指出，中国经济的快速增长，以及长期对非洲进行的援助，为中非友好交往合作奠定了良好基础，中国和平友好的援助政策和发展政策在非洲取得了不错的印象，双方有必要进行深入的经济合作。汪巍（2014）认为，非洲经济的快速增长虽然离不开石油等资源的出口，但根本原因是外资投入拉动了内部消费。中国在非洲经济增长的因素比重不断扩大，中国对非洲的贸易和投资使非洲经济得到了可持续发展。

一些学者也指出了中国对非洲的经济活动产生了负面作用，总结主要原因在于中国对原材料等初级产品的需求过大，虽然能够在短期提升非洲经济，但不利于非洲产业结构的优化和发展，使产业过于集中在初级产品的生产方面，不利于完善的产业体系构建和经济稳定发展，一定程度上导致"荷兰病"现象。Morrissey et al. (2011) 认为，虽然中非合作交流能为非洲带来发展机遇，但若不科学规划产业结构，则会出现发展问题。Carmignani et al. (2012) 指出，中非经济合作一方面刺激了非洲自然资源出口，有利于经济增长，为非洲国家资本积累和制造工艺提升创造了条件，另一方面，若非洲不进行科学性和持续性的产业结构规划，则将导致自然资源快速减少，工业体系不健全，经济发展动力不足。Busse et al. (2013) 从产品竞争角度出发，认为中非经济贸易往来存在潜在危机，中国具有竞争力的产品可能威胁非洲本土企业的发展。

在中国对非洲投资与贸易的关系方面，张哲（2011）建立了包括中非两地区的面板模型，实证检验中国对非洲投资与贸易的关系，并得出二者之间存在互补效应。查涌波（2015）发现，中国对非洲的贸易和投资均呈现寻求资源与市场的动机，二者在空间上呈现不均衡的依存关系。张影超（2012）研究发现，中国对非洲的直接投资若为资源寻求型，则可以带动对非洲的进出口贸易，而直接投资若为开拓市场型，则与贸易仅在短期内呈现相互促进关系，在长期则展现为替代关系。此外若直接投资为规避贸易壁垒型，在非洲当地建厂生产的投资活动将增加非洲对中国生产资料的进口需求，但对中国出口的产品产生替代效应。田泽等（2015）构建了引力模型，发现投资对贸易的拉动效应仅产生于投资环境优和极差的非洲国家。从农业行业来看，高贵现（2016）发现中国对非洲的农业投资主要集中于非洲传统农业国，同时中国还主要从这些国家进口农产品，而对非洲的农产品出口则主要集中于经济多样性强的相对发达国家和资源出口国。整体上来看，中非农业领域的贸易与投资存在互补效应。

1.3.5 文献评述

现有研究主要从国际技术溢出的概念和产生渠道进行了讨论，并对溢出主要渠道即国际直接投资和国际贸易的技术溢出机理进行研究。大多数研究从实证出发，其中部分学者在 CH 模型的基础上，根据各自研究问题的差异，对 CH 模型进行了相应的拓展，分析国际技术溢出的作用，并肯定了国际直接投资和国际贸易的技术溢出效应。作为发展较为落后的非洲，其通过引入外商投资和进口获得国际技术溢出的现象也受到了关注，大部分学者肯定了国际直接投资和国际贸易对非洲经济增长的溢出作用。随着中非合作的不断深化，不少学者探讨了中国对非洲经济活动的技术溢出效果，认为中非经济发展存在互补性，中国对非洲的贸易和投资能够提升非洲国家的经济发展水平，具有积极作用，但也有些学者认为对非洲经济发展会产生一定的负面作用。

通过总结，可发现目前的研究有以下不足。一是，国际贸易和国际直接投资出对非洲农业技术的溢出影响研究较少，大多数研究以非洲总体经济发展为研究对象，而忽略了非洲农业技术发展水平。非洲农业发展不容忽视，虽然农业得到长期增长，但农业技术水平较低，是经济发展的短板，因此对非洲农业技术的分析尤为重要。二是，在国际技术溢出的渠道上，大部分实证研究成果通常单独研究某一种渠道的技术溢出作用，而将几种渠道结合在一起进行研究的成果相对较少，这会导致实证回归出现遗漏变量问题，使回归不准确。三是，中国对非洲的农业技术溢出效应研究较少，多数文献以中国对非洲的经济活动对非洲农业整体发展的影响为主，未能从非洲农业技术水平层面上展开剖析，且中国对非洲的农产品出口和直接投资对于非洲农业技术水平的影响机理路径，尚未见有相应的研究成果。四是，技术接受国的吸收能力往往对技术溢出效应存在影响，非洲的技术吸收能力如何，对进口农产品和引进外商直接投资的技术溢出会产生什么作用，是正向还是负向调节，这一系列问题，相关文献并没有进行深入分析。五是，中国对非洲农产品出口和直接投资属于中非农业合作的重要范畴，然而现有文献并未对中非农业合作应建立什么样的机制进行深入探讨。

基于现有文献，本研究试图在以下几个方面进行改进和提升：①测算非洲农业全要素生产率，掌握非洲农业技术发展水平现状；②探究中国不同类别的农产品出口对非洲农业技术的溢出作用，研究中国对非洲农产品出口的农业技术溢出机理；③探讨中国对非洲直接投资的农业技术溢出机理和中介路径；④选取表征非洲农业技术吸收能力的指标，从技术引进、吸收2个动态阶段出发，检验吸收能力对农业技术溢出的门槛效应；⑤从宏观层面分析中非农业合作目前面临的困境，并分析其原因，之后进一步探讨中非农业未来的合作应建立的对策机制。

1.4 研究目标和主要研究内容

1.4.1 研究目标

本书将探究中国对非洲农产品出口和直接投资对非洲农业技术的溢出机理，包括以下具体研究目标。

第一，测算非洲农业全要素生产率，把握非洲农业技术水平的现状和发展趋势。

第二，探究中国对非洲农产品出口的农业技术溢出效应机理。

第三，探究中国对非洲直接投资的农业技术溢出效应机理。

第四，检验中国对非洲农产品出口和直接投资技术溢出的过程中，非洲技术吸收能力对溢出作用的门槛效应。

第五，探讨未来中非农业合作应建立的对策机制。

1.4.2 主要研究内容

根据研究目标，本研究主要根据文献梳理总结、建立理论分析框架、开展实证研究、总结研究结论和归纳政策建议的思路展开。全书具体章节如下。

第一章，绪论。本章介绍研究背景、研究意义、文献综述、研究目标和内容，明确研究的技术路线，提出创新点。其中研究背景为本书问题提出的现实背景；研究意义包括理论意义和现实意义；文献综述从国际技术溢出的渠道、国际直接投资和国际贸易的技术溢出机理、中国对非洲农产品出口和直接投资的技术溢出效应等方面展开文献梳理。

第二章，理论基础。本章首先对农产品出口、国际直接投资、农业全要素生产率、农业技术水平和吸收能力等概念和研究范围进行界定，并在内生增长理论、国际贸易理论、国际直接投资理论和吸收能力理论的基础上，分析国际直接投资和国际贸易技术溢出效应的理论机制，构建本书的理论分析框架，是本书的理论基础。

第三章，中国对非洲农产品出口结构和直接投资的发展动态分析。本章梳理中国对非洲农产品出口结构和对非直接投资发展动态，为本书提供了背景现状概况。

第四章，非洲农业全要素生产率的测算与分析。本章在梳理相关文献的基础上，测算非洲农业全要素生产率，并将各国分区域进行分析，以较为全面地把握非洲农业生产技术水平现状。

第五章，中国对非洲农产品出口的农业技术溢出效应分析。本章分析中国对非洲农产品出口的农业技术溢出效应机理，首先对农产品总出口的农业技术溢出进行分析，其次从农产品出口结构的角度，进一步将中国对非洲出口的农产品分为最终消费品、农业中间品和农业资本品三类，分别考察各类农产品的技术溢出效应。

第六章，基础设施在中国对非洲直接投资农业技术溢出中的作用机制分析。本章分析中国对非洲直接投资的农业技术溢出机理，构建非洲基础设施水平指数，设定中介模型，探讨中国对非洲直接投资的农业技术溢出中介路径。

第七章，非洲技术吸收能力对农业技术溢出效应的影响分析。本章以非洲吸收能力作为门槛变量，构建门槛模型，检验非洲吸收能力对农业技术溢出效果的影响。

第八章，中非农业合作的对策机制分析——以中国援非农业技术示范中心为例。本章以中国援非农业技术示范中心为例，讨论中非农业合作面临的困境及原因，并尝试探讨应建立的对策机制。

第九章，结论、启示和展望。根据以上章节的研究结论，提出相关对策措施，完善中国对非洲的直接投资和农产品出口，提高农业技术溢出的效果，总结研究的不足之处并对未来研究进行展望。

1.5 研究创新之处

通过梳理既有研究，本研究在以下几方面具有可能的创新之处。

第一，从研究视角上来看，首先，现有文献大多分析中国进口或引进外商直接投资，以及国对外出口和直接投资的逆向技术溢出效应，而对中国出口贸易和对外直接投资对进口国或东道国技术溢出的研究较少，对非洲的农业技术的溢出研究更为少见。本书从非洲农业的视角，研究中国农产品出口和直接投资对非洲的农业技术溢出效果,有助于进一步明确今后中国对非洲农产品出口和直接投资的重点领域和方向,同时为中国农业"走出去"提供一定的政策证据。其次,本书从非洲自身的角度出发,探讨农业研发水平和人力资本水平等对进口和引进外资的技术溢出影响,可以站在对方的角度评估中国对其出口和投资的溢出效应,使评估视角更为客观。

第二,从研究内容来看,首先,探究中国对非洲农产品出口的农业技术溢出效应机理,从农产品出口结构出发,将对非洲出口的农产品分为最终消费品、农业中间品和农业资本品,考察中国不同种类的农产品出口对非洲的农业技术溢出效应。其次,构建表征非洲基础设施水平的指标,以该指标作为中介变量,检验中国对非洲直接投资的农业技术溢出机制,从优化资源配置的角度,探讨直接投资的农业技术溢出。最后,从非洲技术引进和吸收2个阶段出发,较为完整地反映非洲的总体技术吸收能力,选取相应的门槛变量,进行双门槛效应分析,能反映中国对非洲出口和投资在技术吸收各阶段溢出的动态情况。

2
理论基础

本章首先对本书使用到的相关概念和研究对象进行界定，以准确理解相关概念。之后对书中所借鉴的有关理论进行概述，为后面的实证章节提供指导和理论支撑。最后在相关的理论基础上建立本书的理论分析框架，以便更好地理解全书的逻辑思路。

2.1 相关概念和研究范畴界定

2.1.1 农产品出口

农产品贸易是指以农业生产的商品作为贸易客体而进行的贸易，它联系着农产品的生产和消费，包括农产品的收购、运输、储存和销售各个环节。本书集中于研究中国对非洲的农产品出口贸易。根据 WTO 农业协议定义的农产品贸易统计范围和中非农产品贸易实际，遵照程国强（1999）的做法，将农产品范围设定为 WTO 农业协议定义+水产品，并根据中国对非洲农业出口的现实情况，将化肥、农药和农机具等产品也纳入研究范围，之后参照乌拉圭回合谈判《农业协定》、张玉娥等（2016）以及高奇正等（2018）的分类，将中国对非洲出口的农产品分为农业最终消费品、农业中间品和农业资本品 3 类（表 2-1），从中国对非洲农产品出口结构出发来分析技术溢出效果，对指导中国对非洲的农产品出口贸易政策制定提供一定的参考。

表 2-1 最终消费品、农业中间品、农业资本品分类及其 HS 编码

分类	产品及 HS 编码
最终消费品	鱼、甲壳动物、软体动物及其他水生无脊椎动物（02）；鱼肉、虾肉和软体动物肉类（0302-0305、030611-030629、030691-030699、030711-03-719、030722-030729、030732-030739、030743-030749、030752-030759、030772、070783-030789、030792-030799）；乳品、蛋品、天然蜂蜜、其他食用动物产品（04）；其他动物产品（05）；插花及装饰用簇叶（0603、0604）；食用蔬菜、根及块茎（070190、0702-0714）；食用水果及坚果（08）；咖啡、茶、马黛茶及调味香料（09）；谷物（100110、100119-100190、100199、100200、100290、100300、100390、100400、100490、100590、1006、100700、100790、100810、100820、100829、100840-100890）；制粉工业产品、麦芽、淀粉、菊粉及面筋（11）；含油子仁及果实、杂项子仁及果实、工业用或药用植物、稻草、秸秆（120100、120190、120210、120220、120241、120242、1203-1206、120710、120720、120729-120799、1208、1210-1213）；虫胶、树胶、树脂及其他植物液、汁（13）；其他植物产品（14）；动植物油、脂及其分解产品、食用油脂、动植物蜡（15）；肉、鱼、甲壳动物、软体动物及其他水生脊椎动物的制品（16）；糖及糖食（17）；可可及可可制品（18）；谷物、粮食粉、淀粉或乳的制品（19）；蔬菜、水果、坚果或植物其他部分的制品（20）；饮料、酒及醋（22）；烟草（2401-2403）；甘露糖醇、山梨

(续表)

分类	产品及 HS 编码
最终消费品	醇（290543、290544）；精油（3301）；蛋白类物质、改性淀粉、胶（3501-3505）；整理剂（380910）；其他山梨醇（382360）生皮、生毛皮（4101-4103、4301）；木材（4401-4413）；软木（4501-4504）；蚕丝（5001-5003）；动物毛（5101-5103）；棉花（5201-5203）；生亚麻、大麻（5301、5302）
农业中间品	植物块茎、根、苗（0601、0602）；作物种子（070110、100111、100191、100210、100310、100410、100510、100710、100821、100830、120110、120230、120721、1209）；饲料（1214、2308-2309）；肥料（282710、3101-3105）；农药（3808）
农业资本品	活动物（01）；活鱼、活虾、活软体动物类（0301、030631-030639、030710、030721、030741、030742、030751、030760-030771、030781、030782、030791）；渔网（5608）；农业器具及机械（690990、8201、8202、820840、841931、842481、8432-8437、871620）；捕鱼船（890200）；狩猎用品（9507）

本研究选取中国对非洲的农产品出口为主要研究对象之一，有以下原因：2000年中非成立合作论坛，此后中非合作日益深化，同时随着南南合作的深入和多边合作进程的推进，中国对非洲的农产品出口数量和范围均呈增长扩大的趋势；从农产品出口结构来看，除农业消费品以外，中国对非洲的农业中间品和农业资本品的出口也呈上升趋势，是非洲的进口主要来源国，2017年中国对非洲的农业中间品和农业资本品的出口占比分别从2000年的不到10%增长至21%和26%，农业中间品和农业资本品是R&D含量较高的产品，研究其出口技术溢出，有助于把握中国对非洲农产品出口的重点。

2.1.2 国际直接投资

根据沈坤荣（1995）的定义，将国际直接投资（Foreign Direct Investment，FDI）定义为取得或拥有国外企业经营管理权和控制权的投资。国际直接投资可分为一国引入外商直接投资（Inward Foreign Direct Investment，IFDI）和对外直接投资（Outward Foreign Direct Investment，OFDI）。中国对非洲的直接投资，从中国视角来看为中国对外直接投资，而从非洲的视角来看，则为非洲引入外商直接投资。

本书选取中国对非洲的直接投资为主要研究对象之一，有以下原因。进入21世纪以来中国对非洲直接投资力度不断加大，涉及多领域，包括农业、制造业、基础设施建设、采矿业等。研究中国对非洲直接投资的农业技术溢出机理，可以明确产生技术溢出的路径，为未来对非洲直接投资的方向和规模提供一定的证据参考。根据Helpman et al.（1991）的观点，跨国公司在对外直接投资过程中，实现了对全球范围内的资源配置,在产品生产的每个阶段,选取在该阶段具有比较优势的国家进行投资建厂,不仅自身获得了规模经济,还引起了大量中间品和最终消费品的流动。因此,直接投资通常不仅对投资的具体行业带来影响,投资于一个行业时,通常会产生产业内和产业间的联动效应,从而对其他产业部门产生影响。对于农业部门来说,投资于能源采矿业、道路交通部门、金融部门等均会产生联动效应从而影响农业,因此中国直接投资对非洲的农业技术溢出,并不仅仅是由于投资于农业部门而来的。鉴于此,本书采用对非洲直接投资的总量指标,研究中国对非洲直接投资的农业技术溢出机理。

2.1.3 农业全要素生产率

根据经济学界权威词典《The New Palgrave Dictionary of Economics》的定义,生产率是指"产出的某种度量与所用投入的某种指数之比,是用来衡量一个经济体将投入转化为产出的能力"。具体在农业领域,农业生产率是指农业产出与投入要素之间的比例,衡量了农业生产者的农业产出能力,这一衡量指标适用于个体农户、农业企业等农业生产行为主体。农业产出的增加一方面来自投入要素的增加,如劳动力、土地和资本等要素的投入;另一方面来自投入要素质量的改善,例如突破要素瓶颈,优化资源配置,从而提高要素的生产率。农业生产率的提高,实质上体现的是生产可能性曲线的扩张,能够代表农业生产过程中的技术水平。最初古典经济学将生产率定义为某种单一要素产出与投入的比例,例如土地生产率和劳动生产率,分别为产出与土地要素或劳动力要素之间的比例。但是具体到农业生产中,仅测算某种单一要素的生产率可能出现无法反映生产率的实际状况,与现实出现偏差的情况,这是由农业生产的系统性和各要素之间的紧密联系决定的。农业生产中,有些产品为土地密集型,而有些为劳动力密集型,因此统一使用土地生产率或劳动生产率表征农业生产率,就会出现问题。此外,农业生产中会有多种要素投入,劳动力、土地和资本之间往往存在互补或替代的关系,单一要素生产率的高低会受到其他要素使用的影响,要素投入结构影响生产率的高低。因此单独且片面地使用某一单一要素的生产率,无法全面且综合地反映农业整体的生产效率。这就引出了全要素生产率(Total Factor Productivity,TFP)的概念,TFP 衡量的是个系统的总产出量与全部生产要素真实投入量之间的比例,是指全部生产要素(包括劳动、土地和资本等)的投入量都不变时,产出仍能增加的部分。测算公式为:TFP = 总产出/总投入。TFP 避免了单一要素生产率无法全面衡量要素投入生产率的偏差和弊端,能够较为全面地体现生产技术水平,因此逐渐取代了单要素生产率,成为衡量经济增长、产业升级和生产力发展的重要工具。

2.1.4 农业技术水平

由于本书的研究目标是中国农产品出口和直接投资对非洲农业技术的溢出效应,需选取符合研究目的的变量代表非洲的农业技术水平。通常来说,技术是看不到的,无法留下轨迹以供人们测定和追踪,以至于技术无法用1米、1千克、1立方米等数量来表示,Krugman(1991)指出,测定技术溢出是徒劳的。Anselin et al.(1997)设计了一系列空间变量,用创新绩效作为技术溢出的测度,捕捉研究机构的研发溢出效应。Cantwell(1989)以R&D投入作为衡量技术溢出的表征指标。一部分文献以"知识流矩阵"量化技术溢出,在知识流矩阵中,行向量表示技术的溢出部门,列向量表示技术溢出的接受部门,矩阵中的各项元素为测定溢出部门到接受部门的比例,这种知识流矩阵的建立通常需要专利统计数据或者投入产出数据。例如,Jaffe(1989)用专利数目测度技术水平,Erik(2000)通过投入产出表,将技术溢出测度定义为"非创新部门的产出占总产出的比例"。此外,Audretsch et al.(1996)利用美国企业创新数据,通过产业研发和大学研究的地理一致性指数测度技术。

根据以上所述,非洲农业产业的专利数据、农业投入产出表等难以获取或形成有效的面板。此外,非洲农业技术创新水平落后,单纯使用专利数据不足以表示非洲的农业技术水平。相比之下,农业生产率即单位土地或单位劳动力在单位时间内的农业产出量,能够较好地代表农业生产技术的水平、生产组织的合理性。农业生产率又包括单要素生产率和全要素生产率,其中农业 TFP 考虑产出与全部资源投入的比例,通常被称为技术进步率,为新古典学派经济增长理论中用来衡量技术进步在生产中的作用的指标。技术进步包括知识、教育、组织管理等各方面的改善,TFP 的增长是指土地、劳动力、资本等全部生产要素的投入量都不变时,总产量仍然能够增加的部分,也是指产出增加中不能由投入增加来解释的一部分。根据内生增长理论,R&D 投入是 TFP 的增长源泉,增加 R&D 投入一方面要依靠本国增加科技研发投入;另一方面可通过国际贸易或国际直接投资而实现,贸易和投资分别以实物和资本为载体,蕴含出口国和投资国的 R&D 投入,可以成为进口国或东道国的 TFP 增长源泉。TFP 是一个衡量技术进步的重要指标,国际技术溢出效应存在与否,以能否提高 TFP 及其对经济增长的贡献作为衡量,这一判断标准具有较好的代表性和可计算性。因此,本书将以农业 TFP 作为非洲农业技术水平的一种表征,国际农业技术的溢出效应则以其对非洲农业 TFP 的影响来表示。

2.1.5 吸收能力

在对吸收能力的测度方面,最常见的以人力资本、研发投入、基础设施和制度因素等作为吸收能力的代理变量(Glass et al.,1998;周春应,2009)。本书将以非洲农业研发投入水平和人力资本水平作为非洲农业技术吸收能力的表征。

2.1.6 研究对象界定

非洲包括 54 个国家和地区,其中 48 个国家位于撒哈拉沙漠以南,又被称为撒哈拉以南非洲(Sub-Saharan Africa),其中 31 个国家被联合国列为"最不发达国家"。全球粮食短缺人口占总人口的比重中,非洲地区比例超过 20%,其中撒哈拉以南非洲地区粮食短缺最为严重,比例达到 23.4%。撒哈拉以南非洲面临严重的粮食安全问题,且中国对非洲直接投资、农产品出口等经济合作主要集中在撒哈拉以南非洲,因此本书将以撒哈拉以南非洲作为研究样本,下文中的"非洲"表示"撒哈拉以南非洲"区域。

除了直接投资和农产品出口以外,中国对非洲的农业援助也会对非洲的农业技术产生溢出作用,但本书未纳入中国对非洲的农业援助,并不是农业援助不重要,而是因为受到数据限制。中国官方并没有对非洲农业援助的统计数据,现有文献常用的中国对外援助数据来自美国威廉玛丽学院"援助数据"(Aid Data 数据库),这一数据统计时间为 2000—2014 年,至今未有更新,且农业领域的援助数据缺失严重,为本书的实证研究造成了困难。另外,对于中国援非的多边机制如南南合作,其实际效果不仅涉及中国和非洲的合作,还涉及其他国家的努力以及国家间的协调,同样是由于数据受限而未纳入本书的研究范围。所以本书的研究主要集中于中国对非洲农产品出口和直接投资 2 种模式。

2.2 理论基础

2.2.1 内生增长理论

内生增长理论是 Romer et al. (1986) 和 Lucas (1988) 在新古典增长理论的基

础上提出的。新古典增长理论认为技术是外生的，不可控制的，而内生增长理论认为技术是内生的，可控的，对经济增长具有内生驱动作用，是经济增长的源泉。内生增长理论认为技术进步是资本家出于追逐利润而进行自主创新带来的，能够清楚地认识到技术进步的来源和背后的驱动力。

新古典理论认为，投资和资本的收益率存在边际递减或不变，而内生增长理论则认为技术进步可以摆脱新古典理论的束缚，使投资率出现递增，因而经济得以不断增长。假定社会经济中有2个部门，即生产和研发部门，生产投入要素包括资本和劳动力，二者的投入按照一定的比例。式（2-1）为生产函数，其中a_K为资本投入份额，a_L为劳动力投入份额。式（2-2）为技术进步决定方程，决定因素包括研发投入、劳动力投入和现有的技术水平。该式表明经济增长中包括了技术进步的作用，技术进步具有内生性。

$$Y = (a_K K)^{\alpha} (A a_L L)^{1-\alpha}, 0 < \alpha < 1 \qquad (2-1)$$

$$A = T[(1-a_K)K]^{\beta}[(1-a_L)L]^{\gamma} A^{\theta}, T > 0, \beta \geq 0, \gamma \geq 0 \qquad (2-2)$$

新古典增长理论中，投资边际收益递减的假设在内生增长理论中被放弃。传统的经济增长理论将生产投入要素理解为现实存在的各类资源，例如土地、劳动力和资本等，但随着知识经济的到来，以及社会的不断发展，人们逐渐意识到，除了自然界自然存在的各种生产要素和资源以外，知识本身也会促进经济的增长，知识产生、发展和传播都对经济发展具有重要作用。在传统经济增长中，各种要素投入的经济收益会出现边际递减的现象，这是由于物质和资源具有有限性和替代性决定的。内生增长理论十分重视投入要素的收益问题，并认为在知识经济时代，知识自身的特点决定其不会产生边际效益递减的现象。这是因为知识的运用和传播，不仅会使知识得到沉淀，还会促使新知识的发现和产生，因此可以成为经济发展中源源不断的动力。另外，相对于各种物质资源的生产、运输和投入使用，知识的产生、掌握、扩散以及使用成本都较低，这也是知识边际收益不会出现递减的原因之一。内生增长理论又称新增长理论，它摆脱了边际收益递减的假设和经济停滞的悲观境地，认为知识为经济的长期增长提供了动力源泉，促使社会经济稳定可持续发展。

内生增长理论认为知识对经济增长具有重要作用，主要体现在以下几点：第一，投资效益的提高源于知识的促进作用；第二，作为经济增长的重要促进因素，知识本身也需要进行投资；第三，投资对于知识具有重要的积极作用，同时知识对于投资也具有同样的正向作用。内生增长理论的提出具有重要的意义，对经济增长理论做出了巨大贡献，从此经济增长模型中，知识开始被作为重要变量，并认为是经济增长的源泉。这里提到的只是包括一般知识和专业化知识，2种知识能为经济增长带来规模效应，其收益的边际递增，不仅能让知识本身受益，产生更多的知识，还可以为其他投入要素带来收益。从微观层面的企业、厂商来说，获得了知识通常可以带来垄断型的利益收益，这一收益又会投入到研发中，产生更多的知识，实现自身长期稳定的增长。

2.2.2 国际贸易技术溢出的理论机制

知识技术具有"非竞争性"，即一个使用者对知识技术的消费和使用，并不会减少对其他使用者的供给，也就是增加消费者的边际成本为零或可以忽略不计；知识技术还具有"非排他性"，即知识技术不可能将拒绝为它支付费用的个人或厂商排除在公共物品或服务的受益范围之外，对其投资的收益部分归投资者所有，部分归类为公共产品。由以上2个性质可以看出，知识技术具有公共产品的特点，具有外部经济。对知识技术进行创新的企业，投入各项要素例如劳动力、资本，加强知识技术投资等，不仅可以使自己本身受益，还可以令全社会受益。与此相同，一国进行知识技术的创新，不仅本国技术水平提高，还会通过国际贸易和投资等渠道产生对别国的溢出，使各国共享创新成果。国际技术溢出的2个重要渠道为国际贸易和国际直接投资。

国际贸易不仅在各国之间转移货物和服务，还转移了技术，使贸易伙伴国之间产生技术的转移和扩散。Romer et al.（1986）和 Lucas（1988）提出的内生增长理论，将知识技术看作是内生的，并用该内生的知识技术解释经济的发展，最终得出技术创新是推动经济增长的核心因素。发达国家对欠发达国家的国际贸易，可以促使先进的新技术由发达国家流向欠发达国家，并产生溢出效应，欠发达国家通过干中学，消化和吸收新技术。此外，国际贸易还可以交换各国的信息，使各国加强了解和认识，避免对同一技术出现重复性的研发投入，提高研发和知识技术创新效率。在这一理论机制下，学界出现了大量的实证分析。其中具有代表性的是 Grossman et al.（1991），他们认为国际贸易通过传递信息和促进生产而产生技术溢出作用。同样具有代表性的是 Cole et al.（1997），认为国际贸易是国际技术溢出重要渠道。Wang et al.（1992）和 Kokko（1996）认为，除贸易产生的直接溢出以外，进口国还会通过二次创新而产生引申溢出，这表现在技术水平较高的国家对较低国家出口，出口产品的技术含量高于进口国本地生产的产品，本地厂商的竞争力和市场份额都将被削弱，在与进口产品的竞争中，本地厂商为了提高自身竞争力和扩大市场份额，只能加大对技术的投资规模，加大创新力度，提高创新水平，增加生产商品的技术含量和附加值。这就是二次创新，学者认为这类创新也应被视为技术溢出。

国际贸易不仅包括最终消费品，其中中间投入品和资本品贸易也对技术溢出具有重要作用，是国际技术转移和扩散的最直接方式。

（1）中间品贸易是技术溢出的重要途径

国际贸易产生的技术溢出是一种物化型的技术溢出，其中贸易货物是知识技术的有形载体。进口的中间投入品富含先进国家的专业技术知识和最新的研发成果，如此来看，中间投入品的进口可以使进口国了解先进国家的技术，从而得以加大自身的研发投入，并对先进技术进行吸收、扩散、模仿和复制。这样可以节省自主创新需要的众多投入，如人力、资本、物力和时间要素，利用进口贸易产生技术溢出效应，迅速提高本国生产率。同时还可以避免国外先进技术在本国形成重复性研发，减少投入，增强研发效率。总体来看，中间投入品的进口可以促进本国生产率的提高，促进技术进步。

（2）资本品贸易是技术扩散的直接途径之一

资本品是指生产过程中投入使用的机器、设备等，这类产品能够带来资本增值。从本质上来看，资本品更像是一种物化的技术，这种技术物化于劳动方式和对象中。因此，一国进口机器设备等先进的资本品，实际上是进口了物化的先进技术，并为进口国提供了模仿和"干中学"的条件。资本品中附着的研发投入、知识技术等，能够促进进口国技术进步，增强技术装备水平，从而提高生产率。

具体从技术溢出渠道来看，首先，进口资本品，可以直接将国外的先进设备和机器带入国内，一方面省却国内研发投入的大量人力、财力、时间和物力；另一方面还可以快速提高生产能力。进口国通过消化、吸收国外先进技术，掌握进口机械设备中附着的知识技术，并与本国具有禀赋的资源相结合，从而打造出新的具有优势的产业，发展出口，形成后发优势。例如在劳动力较为丰富的发展中国家，劳动力相对廉价，可与资本品带来的先进技术形成有效结合，发挥成本优势，促进经济实现跨越式发展。

其次，进口资本品有助于提高进口国的规模经济水平。例如一些先进的成套大型设备和生产线，蕴含先进的科研管理知识和技术，可以提高国内大、中型企业的生产水平，还可以为小企业和私营企业提供近距离观摩模仿的机会，从而有利于提高生产的科技附加值，促进产业优化升级，并产生规模效应。

2.2.3 国际直接投资技术溢出的理论机制

在国际合作中，外商直接投资通常对东道国产生技术溢出效应。国际直接投资的技术溢出机理主要建立在内生增长理论和知识溢出理论上。本小节主要阐述知识溢出理论，而对内生增长理论在此处不再赘述。

马歇尔最早提出了产业集聚理论，之后克鲁格曼在马歇尔研究的基础上，总结出专业化集聚具有 3 种收益可以带来生产函数的改变，分别是共享的劳动力市场、非贸易的中间投入品以及知识溢出。这些都为知识溢出理论的提出奠定了基础。在 Arrow（1962）、Romer et al.（1986）学者的研究中，也发现并证明了在特定地区的产业集聚可以促使知识在产业内部形成溢出效应。产业集聚不仅可以在产业内部发生知识溢出，还由于不同产业具有差异性和多样化等特点，使其集聚可以促进知识在不同产业之间形成溢出。但同时需要注意的是，不同产业之间的距离远近、知识特征以及技术接受者的主观吸收能力，都会使技术的溢出产生较大的不确定性。知识溢出理论对知识在同一行业或不同行业之间的溢出及其途径进行了探讨，虽然该理论没有将产业部门区分为本土部门和外资部门，但这一溢出效应与外商直接投资的溢出效应没有本质上的区别。

此外，具有代表性的理论还有斯蒂芬·海默（Stephen Hymer）的垄断优势理论、Buckley（2013）的内部化理论以及邓宁（Dunning）的国际生产折中理论。其中海默提出的垄断优势理论，认为跨国公司对某些生产要素具有独占性优势，例如先进的技术、知识、管理技能和信息等，这些优势使得跨国公司得以在东道国实现垄断生产和超额利润。巴克莱的内部化理论认为由于国际市场存在交易成本，跨国公司通常会在海外直接建立分公司，将较高的市场交易成本内化为企业的管理成本。邓宁在以上 2 个理论的基础上，融入国际投资的区位选择因素，提出了生产折中理论，又称为 OIL 范式，其中 O 代表 Ownership，即所有权优势，主要来自跨国公司在技术、知识、组织管理等方面的特有优势；I 代表 Internalization，表示内部化优势，指跨国公司的产品生产具有多阶段的特点，可以通过对外直接投资将生产阶段安排在东道国，而将技术、品牌等所有权优势保留在内部；L 代表 Location，指区位优势，是东道国发挥所有权优势的条件，包括东道国的市场规模、资源禀赋、政府政策和经济政治制度等。只有同时具备所有权优势、内部化优势和区位优势，企业才会进行国际直接投资。

国际直接投资对东道国的技术溢出具有以下机理。首先，东道国可以引入跨国企业本身携带的先进技术和管理经验，提高本国技术水平和生产效率。其次，引入外资将会对东道国企业产生技术外溢，表现为以下3个方面：外资的进入将加大东道国本土企业的竞争，为了生存，本地企业不得不学习和引进先进技术，加大研发，提升竞争力；跨国公司会对当地企业产生示范效应，带动当地企业学习和模仿，有利于最终实现技术创新的突破；跨国公司往往会对员工进行技术管理等培训，而这些员工的就业流动可将先进技术进一步传播和扩散，扩大技术传递的外溢效应。在对外商直接投资的技术溢出研究方面，魏锴等（2013）在对中国吸引外资的研究中发现，外商直接投资有助于加快中国农业技术发展，缩小与先进国家的技术差距；孙致陆等（2014）得出外商直接投资显著促进了中国农业技术进步，总体上对中国农业技术发展起到了积极作用。

2.2.4 吸收能力理论

吸收能力是指经济体吸收和利用外部信息和资源的能力。对吸收能力的研究有不同的视角，包括Cohen et al.（1989）的产业组织视角，Lane et al.（2006）的学习创新视角，Van et al.（1999）的认知演化视角和Zahra et al.（2002）的能力基础视角。其中，Cohen et al.（1989）认为吸收能力本质上是一个社会过程和学习的过程。产业内部的原有知识和经验，加上收益垄断性和独占性，会促使产业内成员对知识和技术进行识别、吸收和消化利用，并产生创新绩效。吸收能力取决于产业内原有的知识水平、产业内个体成员的吸收能力以及产业内部知识分享与沟通的能力。Lane et al.（2006）结合学习理论，认为企业对技术和知识的理解受到整个产业的学习机制以及内外部的知识技术特点的影响，吸收能力与产业组织内、外部机制环境和知识技术本身密切相关。当识别并理解知识和技术之后，对该知识和技术进行消化会产生新的创新并带来利益，并进一步促进知识技术的产生，形成良性循环回路。Van et al.（1999）认为吸收能力具有动态，能够形成反馈回路，这一过程分为微观和宏观2个方面。在微观层面上，吸收能力影响知识水平和学习方式，这进一步影响企业的整合能力和组织结构，使吸收能力和学习方式形成相互影响的循环；在宏观层面，吸收能力导致知识的吸收和使用程度不同，从而对知识产出环境有所影响，使吸收能力与宏观环境共同发展。Zahra et al.（2002）基于组织动态能力的研究模型，强调知识来源和组织经验会转化为实际上的吸收能力，并对潜在的吸收能力产生影响，但这一过程会受到社会整合机制的调节，实际吸收能力能够加强竞争优势和创新能力。

2.3 理论分析框架

内生增长理论将增长模型中的技术进步进行了内生化处理，例如 Romer et al. (1986) 提出了具有外溢性知识的增长模型，主要结论为技术创新是经济增长的源泉。在这一框架下，国际贸易和国际直接投资带来先进技术、管理能力等生产要素，从而对进口国或东道国产生溢出作用。本书从国际技术溢出的 2 种重要途径：国际贸易和国际直接投资出发，建立理论分析框架。鉴于本书的研究目标为非洲的农业技术，因此第一个溢出渠道选取农产品出口；而对于直接投资来说，其对农业技术的影响不仅可以由投资于农业带来，对其他产业如基础设施、工业部门、采矿业、金融业等均会对农业部门产生影响，因此第二个溢出渠道选取中国对非洲整体的直接投资。

第一个技术溢出渠道为农产品出口。农产品出口是中国对非洲农业技术溢出的重要渠道，除了农业最终消费品以外，中国对非洲农业中间品和农业资本品出口日益增多，地位日渐重要，而农业中间品如化肥、农药和农业资本品如农业机械等，含有大量 R&D 存量，因此这些产品的出口将有可能对非洲产生较为显著的技术溢出作用，提高非洲农业生产率。在 2018 年"中非合作论坛"北京峰会上，中国政府提出将帮助非洲国家进行农业升级，提高农业生产技术，提高农业产量和农产品附加值，促进双边农产品贸易。因此，有必要研究分类考察中国对非洲不同农产品出口的技术溢出作用，为未来中非双方农产品贸易战略的制定提供实证依据。

第二个技术溢出渠道为对非直接投资。中国对非洲直接投资涉及多项行业领域，其中主要领域为建筑业、采矿业和制造业，中国已成为非洲基础设施最大的投资者。基础设施落后正是非洲经济和农业发展的最大瓶颈之一。非洲多数国家交通设施薄弱，且分布不平衡，严重制约着生产要素的自由有效流动，制约经济社会的可持续发展。补齐基础设施短板，实现各区域互联互通，是促进区域经济增长的重要方式，基础设施水平的改善有助于降低交通运输成本、促进人员资本等要素的自由流动。对发展中国家来说，道路设施可能是农业增长的最重要条件，道路可以缩短交通时间、降低交通成本和农业投入成本。因此，本研究将构建基础设施水平指数，并以该指数作为中介变量，构建中介效应模型，检验中国直接投资对非洲农业技术溢出的路径机理。

　　发展中国家可以通过进口和吸引外商直接投资引入外国技术以促进自身技术进步和创新,但若要引进的外国技术发挥效果,需要技术接受国具有一定的吸收能力,将外来技术与本国相结合,才能产生技术溢出的最大效用。许多学者发现技术吸收国的吸收能力不同会使技术溢出效应产生差异。吸收能力表现为人力资源、基础设施、政策措施和制度因素等禀赋。通常只有当技术接受国的吸收能力各指标达到一定水平时,才能发生国际技术溢出作用,这一现象被 Borensztein et al.(1995) 称为"门槛效应"。本研究将站在非洲的角度,从技术引进和吸收 2 个阶段,选取表征非洲技术吸收能力的指标,包括农业研发水平和人力资本水平,构建门槛效应模型,检验中国对非洲农产品出口和直接投资的农业技术溢出的门槛效应。

2.4　本章小结

　　本章首先界定了农产品出口、直接投资、国际技术溢出、农业技术、吸收能力的基本概念,并对本书样本范围进行了界定;然后梳理了国际技术溢出的相关理论,从内生增长理论出发,探讨国际直接投资和国际贸易技术溢出的理论机制以及吸收能力理论;建立了本研究的分析框架,梳理了全书整体的研究思路;最后梳理了国际技术溢出的相关实证经验模型,构建了本研究的基本实证模型,为下文的研究奠定了基础。

3

中国对非洲农产品出口结构和直接投资的发展动态分析

本章对中国对非洲农产品出口的结构，以及对非直接投资的发展动态进行梳理，以把握中国对非洲农产品出口和直接投资的背景概况。

3.1 中国对非洲农产品出口现状和结构特征

3.1.1 中非总体进出口贸易的发展现状

中国与非洲国家的农业合作已经进行了 60 年左右，双边贸易保持发展，贸易量保持增加。随着 20 世纪 90 年代中国经济体制改革，中非贸易进入了快速发展阶段，又上新台阶。进入 21 世纪，中非贸易又取得了新的突破。2000 年中非进出口总额为 105.9 亿美元，2008 年突破 1000 亿美元，2017 年达到 1706.4 亿美元，其中中国对非洲出口 947.2 亿美元，从非洲进口 759.3 亿美元。2000—2017 年中非贸易总额占中国对外贸易总额的比重由 2.2% 上升至 4.2%，同期占非洲对外贸易总额的比例由 3.8% 上升至 10.8%。图 3-1 显示了 2000—2017 年中非总体贸易趋势。

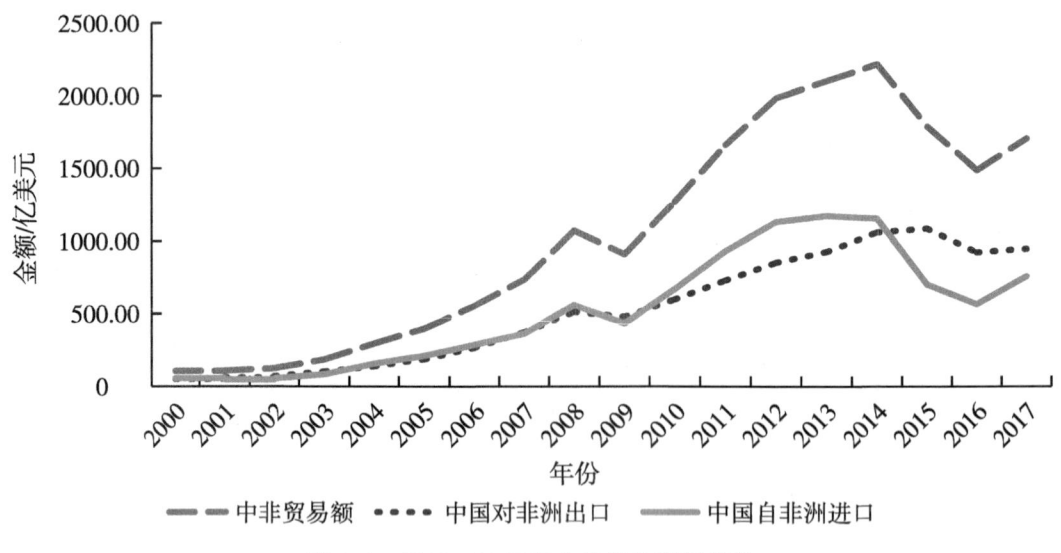

图 3-1 2000—2017 年中非总体贸易趋势

由图 3-1 可看出，2000—2017 年中非贸易总额除了个别年份有所下降以外，总体呈上升趋势，年均增长率为 17.8%，其中出口年均增长率为 18.8%，进口年均增长率为 16.6%。2000—2008 年中非贸易额呈稳定增长态势，2009 年出现下滑，这是

3 中国对非洲农产品出口结构和直接投资的发展动态分析

由于受到了金融危机的影响，中国对非洲出口额和自非洲进口额都出现不同程度的下降，其中进口下降程度大于出口。金融危机后，中非贸易又出现快速发展，2015年中非贸易总额回升至2217亿美元，与2009年相比增长了2.4倍，其中进口增长2.2倍，出口增长2.7倍。2015年开始，中非贸易额又出现下滑，2016年下滑至1490亿美元，主要源于中国自非洲进口的下降。

虽然中国与非洲的贸易总体上得到了较好的发展，但市场结构并不均衡，市场体现出集中的态势，中非贸易总额的一半体量仅来自少数几个国家。表3-1展示了2015—2017年非洲对中国出口的主要国家。其中南非和安哥拉始终排在前两名，占非洲对中国出口总额比重超过2/3。在第二梯队的为刚果（布）、刚果（金）和赞比亚，占比在12%左右，其次是加蓬、加纳和尼日利亚等国，占比较小。

表3-1 2015—2017年非洲对中国出口的主要国家

2015年			2016年			2017年		
国家	对中国出口额/亿美元	占非洲对中国出口总额比例/%	国家	对中国出口额/亿美元	占非洲对中国出口总额比例/%	国家	对中国出口额/亿美元	占非洲对中国出口总额比例/%
南非	301.5	48.3	南非	222.3	42.8	南非	243.9	35.7
安哥拉	160.0	25.6	安哥拉	139.7	26.9	安哥拉	207.0	30.3
刚果（金）	26.3	4.2	刚果（布）	23.3	4.5	刚果（布）	39.6	5.8
刚果（布）	26.2	4.2	赞比亚	21.8	4.2	刚果（金）	32.9	4.8
赞比亚	17.9	2.9	刚果（金）	20.8	4.0	赞比亚	31.2	4.6
加纳	13.0	2.1	加蓬	14.4	2.8	加蓬	22.9	3.4
尼日利亚	12.4	2.0	加纳	13.1	2.5	加纳	18.5	2.7
加蓬	11.0	1.8	尼日利亚	9.1	1.7	尼日利亚	16.2	2.4
喀麦隆	7.8	1.3	毛里塔尼亚	7.5	1.4	几内亚	14.7	2.1
津巴布韦	7.6	1.2	津巴布韦	7.3	1.4	津巴布韦	8.7	1.3
毛里塔尼亚	7.2	1.1	几内亚	6.3	1.2	毛里塔尼亚	7.9	1.2
莫桑比克	4.5	0.7	莫桑比克	4.8	0.9	莫桑比克	5.3	0.8
埃塞俄比亚	3.8	0.6	埃塞俄比亚	4.2	0.8	喀麦隆	5.1	0.7
坦桑尼亚	3.8	0.6	喀麦隆	4.0	0.8	埃塞俄比亚	3.6	0.5
多哥	2.1	0.3	坦桑尼亚	3.2	0.6	塞拉利昂	3.4	0.5

(续表)

2015 年			2016 年			2017 年		
国家	对中国出口额/亿美元	占非洲对中国出口总额比例/%	国家	对中国出口额/亿美元	占非洲对中国出口总额比例/%	国家	对中国出口额/亿美元	占非洲对中国出口总额比例/%
纳米比亚	2.1	0.3	塞拉利昂	2.4	0.5	坦桑尼亚	3.4	0.5
利比里亚	1.7	0.3	纳米比亚	1.7	0.3	纳米比亚	3.0	0.4
马达加斯加	1.7	0.3	塞内加尔	1.6	0.3	乍得	2.8	0.4
塞拉利昂	1.6	0.3	马达加斯加	1.6	0.3	马达加斯加	2.3	0.3
科特迪瓦	1.4	0.2	尼日尔	1.2	0.2	肯尼亚	1.7	0.2

数据来源：UNCOMTRADE 数据库。

从中国对非洲出口来看（表 3-2），南非、尼日利亚共占中国对非洲出口总额的 40%，其次为肯尼亚、加纳、坦桑尼亚和埃塞俄比亚等。可见，无论非洲对中国出口还是中国对非洲出口，市场极不均衡。

表 3-2　2015—2017 年中国对非洲出口的主要国家

2015 年			2016 年			2017 年		
国家	中国对非洲出口额/亿美元	占中国对非洲出口总额比例/%	国家	中国对非洲出口额/亿美元	占中国对非洲出口总额比例/%	国家	中国对非洲出口额/亿美元	占中国对非洲出口总额比例/%
南非	158.6	20.5	南非	128.5	20.3	南非	148.1	22.0
尼日利亚	137.0	17.7	尼日利亚	97.1	15.4	尼日利亚	121.5	18.1
肯尼亚	59.1	7.7	肯尼亚	55.9	8.8	肯尼亚	50.3	7.5
加纳	53.1	6.9	加纳	46.7	7.4	加纳	48.2	7.2
坦桑尼亚	42.8	5.5	坦桑尼亚	35.7	5.6	坦桑尼亚	31.2	4.6
安哥拉	37.2	4.8	埃塞俄比亚	32.1	5.1	埃塞俄比亚	26.6	4.0
埃塞俄比亚	34.4	4.5	塞内加尔	21.9	3.5	安哥拉	22.6	3.4
贝宁	29.9	3.9	贝宁	20.4	3.2	利比里亚	21.0	3.1
塞内加尔	21.9	2.8	多哥	19.2	3.0	塞内加尔	20.4	3.0
多哥	21.8	2.8	安哥拉	16.8	2.7	贝宁	19.3	2.9
莫桑比克	19.4	2.5	利比里亚	15.9	2.5	多哥	18.9	2.8
喀麦隆	18.3	2.4	科特迪瓦	15.8	2.5	科特迪瓦	16.9	2.5
科特迪瓦	15.5	2.0	喀麦隆	15.6	2.5	喀麦隆	13.9	2.1

(续表)

	2015 年			2016 年			2017 年	
国家	中国对非洲出口额/亿美元	占中国对非洲出口总额比例/%	国家	中国对非洲出口额/亿美元	占中国对非洲出口总额比例/%	国家	中国对非洲出口额/亿美元	占中国对非洲出口总额比例/%
刚果（金）	14.1	1.8	莫桑比克	13.1	2.1	莫桑比克	13.1	1.9
利比里亚	13.6	1.8	几内亚	11.4	1.8	几内亚	12.4	1.8
几内亚	12.8	1.7	刚果（金）	9.9	1.6	马达加斯加	10.1	1.5
刚果（布）	10.4	1.3	马达加斯加	9.4	1.5	刚果（金）	9.7	1.4
马达加斯加	8.7	1.1	毛里塔尼亚	8.7	1.4	毛里塔尼亚	8.6	1.3
毛里求斯	8.4	1.1	乌干达	8.2	1.3	乌干达	7.8	1.2
毛里塔尼亚	8.0	1.0	毛里求斯	7.6	1.2	毛里求斯	7.6	1.1

数据来源：UNCOMTRADE 数据库。

3.1.2 中非农产品贸易的发展现状与结构特征

（1）中非农产品贸易发展现状

中国与非洲农产品贸易也得到了较快的发展，双方在农业贸易领域开始了越来越多的合作与交流。21 世纪以来，中非农产品贸易在贸易额和市场份额方面取得了一定进展。表 3-3 和图 3-2 为 2000—2017 年中非农产品贸易的发展统计。可以看出 2000—2017 年中非农产品贸易额呈上升趋势，从名义值来看，由 2000 年的 4.9 亿美元提高至 2017 年的 56.5 亿美元，增长了将近 10 倍，年均增速达到 15.5%。自 2010 年，双方农产品贸易总量提高较快，贸易规模不断扩大，但在 2014 年有所回落。其中，中国对非洲的农产品出口与进出口总额保持了较为相似的趋势，从 2000 年的 3.2 亿美元增长至 2017 年的 33.1 亿美元，除了个别年份出现出口额下降以外，总体为上涨态势。中国从非洲进口农产品贸易展现为较为稳定的增长趋势，从 2000 年的 1.7 亿美元增长至 2017 年的 23.4 亿美元。

表 3-3 2000—2017 年中非农产品贸易概况

年份	中国对世界农产品出口/亿美元	中国对非洲农产品出口/亿美元	中国对非洲农产品出口占出口总额比例/%	中国从世界农产品进口/亿美元	中国从非洲农产品进口/亿美元	中国从非洲农产品进口占进口总额比例/%
2000	156.4	3.2	2.1	115.1	1.7	1.5

(续表)

年份	中国对世界农产品出口/亿美元	中国对非洲农产品出口/亿美元	中国对非洲农产品出口占出口总额比例/%	中国从世界农产品进口/亿美元	中国从非洲农产品进口/亿美元	中国从非洲农产品进口占进口总额比例/%
2001	163.9	2.9	1.8	116.3	1.8	1.5
2002	183.5	3.0	1.6	129.9	2.3	1.8
2003	221.8	4.9	2.2	176.3	2.6	1.5
2004	249.8	3.9	1.5	244.6	2.6	1.1
2005	288.7	4.7	1.6	254.0	3.7	1.5
2006	324.2	6.8	2.1	262.9	4.2	1.6
2007	405.6	9.8	2.4	366.5	4.3	1.2
2008	452.5	13.4	3.0	546.0	5.2	1.0
2009	422.5	13.2	3.1	490.1	6.8	1.4
2010	548.8	15.5	2.8	645.6	9.0	1.4
2011	690.3	23.9	3.5	819.4	12.4	1.5
2012	712.4	24.4	3.4	978.9	13.2	1.3
2013	754.2	28.2	3.7	1058.7	18.3	1.7
2014	824.9	32.9	4.0	1133.1	24.3	2.1
2015	826.4	28.5	3.4	1106.6	24.3	2.2
2016	814.6	26.9	3.3	1064.2	23.1	2.2
2017	844.5	33.1	3.9	1193.1	23.4	2.0

数据来源：UNCOMTRADE 数据库。

(2) 中国对非洲出口的农产品结构特征

根据表 2-1，将中国对非洲的出口农产品分为农业消费品、农业中间投入品和农业资本品 3 类。中国对非洲农业中间投入品和农业资本品出口日益增多，地位日渐重要，根据图 3-3 所示，2000—2017 年，中国对非洲农业消费品的出口份额一直处于较低水平，最高仅为 2012 年的 5.7%；而农业中间投入品和农业资本品出口份额则呈上升趋势，分别从 2000 年的 1.7% 和 7.3% 增长至 2017 年的 22.4% 和 27.5%，其中农业中间投入品出口份额在 2014 年达到 25.6%，占非洲总市场的 1/4。

表 3-4 为 2017 年中国与非洲主要国家农业消费品、农业中间投入品和农业资本品出口情况，列举了各类农产品出口额排在前 15 位的国家，可见在 3 类农产品出口伙伴国中，南非和尼日利亚都位于前两位，占据中国较多的出口份额，其中南非占中国对非洲 3 类农产品总出口的份额分别为 20.1%、24.2% 和 17.5%，尼日利亚

3 中国对非洲农产品出口结构和直接投资的发展动态分析

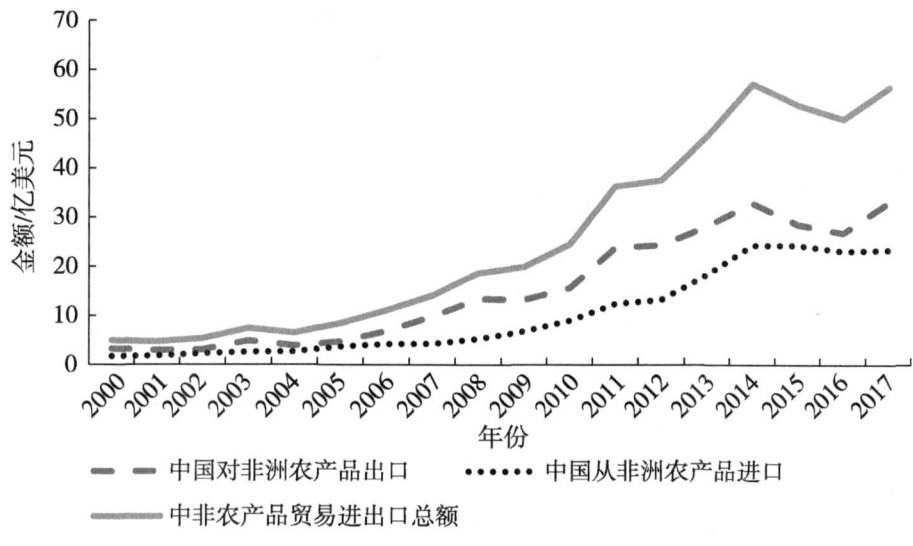

图 3-2 2000—2017 年中非农产品贸易概况

分别为 18.4%、17.8% 和 34.5%,尼日利亚占中国对非洲农业资本品出口的份额略超过 1/3。科特迪瓦和加纳占中国对非洲农业消费品和农业中间投入品出口的份额位于第三、四位,但农业资本品的出口份额较低。总体来看,中国对非洲的 3 类产品出口份额比较集中,南非和尼日利亚的份额之和分别为 38.5%、42% 和 51.6%。

表 3-4 2017 年中国与非洲主要国家农业消费品、农业中间投入品和农业资本品出口份额 （单位:%）

排序	国家	农业消费品出口份额	国家	农业中间投入品出口份额	国家	农业资本品出口份额
1	南非	20.1	尼日利亚	24.2	尼日利亚	34.5
2	尼日利亚	18.4	南非	17.8	南非	17.1
3	科特迪瓦	11.5	加纳	10.2	肯尼亚	7.3
4	加纳	7.2	科特迪瓦	9.3	安哥拉	5.6
5	喀麦隆	6.4	喀麦隆	8.5	坦桑尼亚	4.8
6	肯尼亚	4.3	肯尼亚	4.0	乌干达	4.5
7	安哥拉	4.0	马拉维	3.8	加纳	4.3
8	塞内加尔	4.0	坦桑尼亚	3.6	莫桑比克	2.9
9	马里	3.8	安哥拉	3.4	喀麦隆	2.5
10	塞拉利昂	2.2	赞比亚	2.6	科特迪瓦	2.4
11	毛里求斯	2.2	乌干达	2.5	赞比亚	2.3

(续表)

排序	国家	农业消费品出口份额	国家	农业中间投入品出口份额	国家	农业资本品出口份额
12	毛里塔尼亚	1.4	马里	1.9	马里	2.1
13	冈比亚	1.4	津巴布韦	1.4	马拉维	1.9
14	布隆迪	1.4	布基纳法索	1.3	马达加斯加	1.6
15	贝宁	1.3	马达加斯加	1.2	塞内加尔	1.3

数据来源：UNCOMTRADE 数据库。

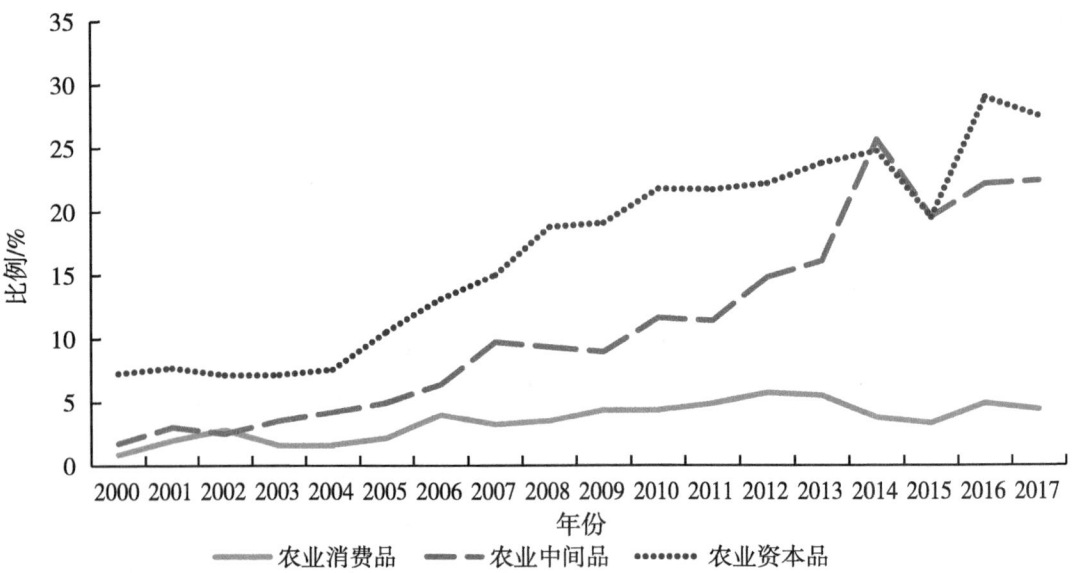

图 3-3 2000—2017 年中国对非洲农业消费品、农业中间品和农业资本品出口占世界比例

3.2 中国对非洲直接投资的发展动态

3.2.1 中国对非洲直接投资的历史进程

1959 年中国政府无偿向几内亚政府提供粮食援助，开启了中国对非洲的农业援助，此后直到 20 世纪 70 年代末，中国对非洲的援助一直以中国政府为主导，对非洲国家提供单方面支援，包括援建农场、农业技术试验站和推广站等。直到 20 世纪 80 年代至 90 年代末，企业开始逐渐参与中非合作。这一阶段中国进行了体制改革，引入了市场机制，中国在非洲援建的农场体制也发生了相应的变化，政府开始

对援非农场进行改革，允许并鼓励国有企业如中国农垦集团及各省农垦集团参与对非援建。农场的运营模式开始从以政府为主导，转向政府进行政策规划和提供资金优惠的企业化经营管理，其特点是政府提供资金支持，中方派驻管理人员和专家，雇用当地农民进行生产，并将产品销售到当地的市场，后期由企业进行追加投资。这一模式一定程度上解决了农场的可持续发展问题，并由单纯的援助发展为农业合作。这一阶段的援非农场一种是中国与非洲国家的合资企业，另一种是独立的中资企业。这些企业的建设同时鼓励了中国企业在非洲进行农业投资。2000年至今，随着中非合作论坛的成立，中非关系突飞猛进，中国政府与非洲建立了新型战略伙伴关系，中非农业合作进入了全面拓展和深化的崭新阶段，从最初的项目式的援助，发展为更具有战略性的合作（Chen et al.，2014）。中国积极推动农业"走出去"，寻求更多的市场和资源，打破发展约束，倡导和鼓励企业和资金走进非洲，并引入技术，带动当地经济发展。

3.2.2 中国对非洲的直接投资规模

中国对非洲的投资力度在近几年有所加大，投资规模和总额都在增长。图3-4为2003—2017年中国对非洲直接投资的概况。从投资流量来看，2003—2017年中国对非投资流量年均增长率为33.3%。2003—2008年，中国对非洲直接投资流量大幅增长①，由0.7亿美元增长至54.9亿美元。2009年相对于2008年出现下降，2009年的投资流量为14.4亿美元，2009—2017年投资流量出现波动上涨，2017年达到41.9亿美元。2017年流向非洲的直接投资同比增长70.8%，占当年中国对外直接投资流量总量的2.6%，主要流向了安哥拉、肯尼亚、刚果（金）、南非、赞比亚、几内亚、刚果（布）、苏丹、埃塞俄比亚、尼日利亚、坦桑尼亚等国家。从投资存量来看，2003—2017年中国对非洲直接投资存量由49亿美元增长至432.9亿美元，增加了8.8倍，年均增长率为37.7%。其中2012年、2014年直接投资存量增长较多，分别增长了54.9亿美元和61.6亿美元。2017年中国对非洲直接投资存量为433亿美元，占当年对外直接投资存量总量的2.4%，主要分布在南非、刚果（金）、赞比亚、尼日利亚、安哥拉、埃塞俄比亚、津巴布韦、加纳、肯尼亚、坦桑

---

① 2008年中国对非洲直接投资流量中，对南非的投资达到48.08亿美元。2008年3月，中国工商银行出资约54.6亿美元收购标准银行20%的股份，是迄今为止中国在南非甚至非洲最大金融类投资项目（当年南非吸引外资总额为63亿美元）。若将南非剔除，则中国对非洲直接投资流量为6.83亿美元，相比2007年出现下降，这可能是受到了2008年国际金融危机的影响。

尼亚、毛里求斯等。

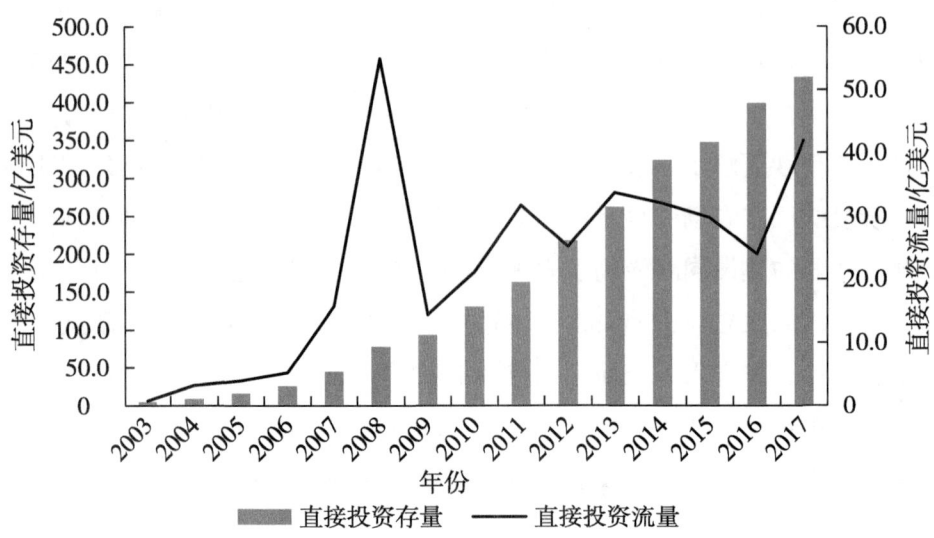

图 3-4 2003—2017 年中国对非洲直接投资流量与存量

从投资行业来看，建筑业、采矿业、金融业、制造业、租赁和商务服务业是中国对非洲投资的前 5 位行业，2017 年 5 个行业占比分别为 29.7%、22.5%、14%、13.2% 和 5.3%。农业在中国对非洲的投资行业中占有很小的比例，但发展潜力很大。

表 3-5 为 2017 年中国境外企业在各洲分布和构成情况。2017 年年末，中国共在全球 189 个国家（地区）设立 3.92 万家对外直接投资企业（简称境外企业），较上年末增加 2100 多家，遍布全球 81.1% 的国家（地区）。其中，亚洲的境外企业覆盖率与上年持平，为 87.9%，欧洲为 87.8%，非洲为 86.7%，北美洲为 75.0%，拉丁美洲为 67.3%，大洋洲为 50.0%。可见非洲是中国企业对外投资的重要区位选择，和欧洲的覆盖率几乎持平，共同低于亚洲。在非洲设立的境外企业超过 4000 家，占 10.7%，主要分布在赞比亚、尼日利亚、埃塞俄比亚、南非、肯尼亚、坦桑尼亚、加纳、安哥拉、乌干达等国家。

表 3-5 2017 年中国境外企业在各洲分布和构成情况

项目	2017 年末国家（地区）总数/个	中国境外企业覆盖的国家（地区）数量/个	覆盖率/%	境外企业数量/家	比重/%
亚洲	48	46	87.9	22078	56.3
欧洲	49	43	87.8	5928	15.1

(续表)

项目	2017年末国家（地区）总数/个	中国境外企业覆盖的国家（地区）数量/个	覆盖率/%	境外企业数量/家	比重/%
非洲	60	52	86.7	4195	10.7
北美洲	4	3	75.0	3413	8.7
拉丁美洲	49	33	67.3	2236	5.7
大洋洲	24	12	50.0	1355	3.5
合计	2234	189	81.1	39205	100.0

数据来源：《2017年中国对外直接投资统计公报》。

3.2.3 中国对非洲的农业投资概况

(1) 中国对非洲农业投资的总体情况

随着中国对非洲农业援助的发展，企业在对非援助中逐渐发挥重要作用，且越来越多的企业借助援助出海，响应国家"走出去"战略，依托优惠政策和资金，加大了对非洲的农业投资力度，相继到各个国家投资建厂，不断发展壮大，涉及领域包括种植业、畜牧业、渔业、林业和农产品加工业等，相应的企业如湖南袁氏杂交水稻有限公司、中非农业投资有限责任公司、辽宁大平渔业公司和巴拉卡棉花公司等。在对非洲的投资过程中，中国企业将部分品牌、技术和管理经验传入非洲，提高当地的农业生产水平。中国企业根据非洲各国的气候、水土等自然条件和资源禀赋情况，在不同国家和地区选择不同的农业产业进行投资，例如在西部非洲国家进行水稻生产种植，对中部非洲的林业加大投资，在东部非洲发展渔业和畜牧业等。表3-6为根据商务部《境外投资企业（机构）名录》总结的具有代表性的中国企业。可以看出中国对非洲开展投资的企业分布于多个国家，经营范围包括食品加工、农业开发、种植业、畜牧业、渔业、林业、农资产品生产和农产品加工业等，范围较广，涉及领域较多。

表3-6 中国在非洲开展投资的部分公司

国家	投资企业	经营范围
埃塞俄比亚	河北黑马粮油工业有限责任公司、河北苹乐面粉机械集团有限公司、湖南达丰源农业股份有限公司	食品加工；农业开发

(续表)

国家	投资企业	经营范围
安哥拉	泰安立人进出口贸易有限公司、泰州市高港对外经济技术合作有限公司、辽宁大平渔业公司	农业开发；渔业
贝宁	广州海斯特实业有限公司	林业
赤道几内亚	天津海新达商贸有限公司、江苏吉森木业股份有限公司	种植业；林业
加纳	浙江新安化工集团股份有限公司	农资产品生产
加蓬	深圳市棋洋实业发展有限公司、广州世贸科工贸有限公司、张家港保税区港林国际贸易有限公司、广州市鼎田木业投资有限公司	木材生产加工；种植业、畜牧业；林业
津巴布韦	天泽烟草有限公司	烟草种植
喀麦隆	石家庄市雄狮饲料集团、山西建筑工程（集团）总公司、陕西省农垦集团有限责任公司	蛋鸡养殖；水稻种植
肯尼亚	临颍外贸方圆实业有限公司	农产品加工
利比里亚	深圳市美田实业有限公司	林业
马达加斯加	中国成套设备进出口（集团）总公司、湖南袁氏杂交水稻有限公司	蔗糖种植；水稻种植
马拉维	巴拉卡棉花公司	棉花生产
莫桑比克	福州宏东远洋渔业有限公司、石家庄飞龙饲料有限公司	渔业；畜牧业
南非	江西雅星纺织实业有限公司、淄博市博山渤海人家饮食有限公司、安徽省皖陵珍稀动物养殖有限责任公司、华侨凤凰集团股份有限公司	棉制品；食品加工；种植业；林业
尼日利亚	郑州仓西实业开发有限公司	生产、销售棕榈油及其副产品
坦桑尼亚	海南奇林科技股份有限公司、石家庄汇恒富润德进出口有限公司、中垦坦桑尼亚公司	农产品加工；剑麻生产
乌干达	天津机械进出口有限公司、河北汉和农业科技有限公司	农机产品；种植业、畜牧业
赞比亚	大厂回族自治县帅林综合养殖场、中非农业投资有限责任公司、常州常润塑料制品有限公司、开封市中赞农林开发有限公司、上海中赞进出口贸易有限公司	畜牧业；农产品加工；林业

数据来源：商务部《境外投资企业（机构）名录》。

(2) 中国对非洲农业投资的主要领域

中国对非洲投资的领域主要包括粮食种植、畜产品生产、水产品生产和林业。在粮食种植方面,中国在杂交水稻的研发和种植技术上具有很大的优势,非洲农业专家建议大力推广中国的杂交水稻技术,提高稻米产量,保障粮食安全。中国具有比非洲更为先进的灌溉技术水平,在小规模水利设施建设方面能为非洲提供有益的帮助。中国与非洲同以小农经济为基础,农业生产机具更适合小农操作,节省能源。因此中国在粮食种植方面相对非洲具有较大优势,对其进行投资可以产生有益的效果。例如湖北联丰公司、万宝粮油等在莫桑比克进行了农业投资合作,进行了水稻、玉米、棉花和蔬菜种植试验和示范,推广了农业技术。

在畜产品生产方面,中国对非洲的投资可以将中国畜牧业生产技术与非洲自然资源形成互补。非洲拥有大片优良草场,适合畜牧业的发展,但当前非洲畜牧业生产经营模式粗放,技术管理水平低下,导致畜产品产量很低,难以达到世界平均水平。而中国畜牧业产业化水平在不断提升,规模养殖水平稳步提高,通过畜禽良种化和标准化生产技术有效促进了畜牧业发展,在畜禽品种改良、动物疫情防控和养殖水平方面位于世界前列。因此中国对非洲的畜牧业投资有助于转移中国的畜牧业生产技术,与非洲的优势资源条件相结合。例如,石家庄雄狮牧业有限公司在喀麦隆进行养鸡场投资建设,凭借先进的养殖技术和管理模式,使养鸡场迅速发展,产品销量占地市场份额约为1/5。

渔业正在成为中国对非投资的重要领域,推进中非渔业合作,不仅可以提高非洲国家的渔业技术水平,还有利于我国渔业企业"走出去",发展海洋合作伙伴关系。非洲海岸线狭长,具有丰富的渔业资源,如世界著名的东南大西洋渔场与几内亚渔场。一些沿海的非洲国家如马达加斯加、塞舌尔等,渔业在GDP中占有重要地位;莫桑比克的捕虾业占其贸易出口的40%;坦桑尼亚为世界上第九大渔业国家;渔业和水产品加工已成为毛里求斯最具潜力的产业之一。非洲水厂养殖业虽然规模相对较小,但增长强势。而由于受到渔业技术水平的限制以及设施配套的落后,非洲渔业未得到充分的开发利用,总体发展水平不高。中国从20世纪80年代开始同非洲国家进行渔业合作,例如中国水产渔业总公司,其业务遍布非洲海域,修建了水产品加工设施。此外,大连水产集团公司、辽宁新太公司、上海水产集团总公司、山东水产企业集团总公司和南通远洋渔业有限公司先后与非洲企业合作,组建渔业合作公司,为当地经济建设做出了重要贡献。

非洲独特的气候和地理条件,使其具有丰富的森林资源,木材丰富、种类多,储藏量大。特别是非洲热带地区的木材径级大且经济价值高，是家具等制造业重要的原材料。但非洲国家基础设施落后，电力供应不足，使木材的采伐、深加工和运输等环节都受到了严重制约，成本高，缺乏竞争优势。建材行业被国务院列入与非洲国家产能合作的优先重点项目之一，中国与非洲进行林业合作，可将中国林业加工制造业和非洲丰富的林业资源形成互补，可以充分发挥中国林业资源管理、林业产业综合发展等优势。对非洲林业领域进行投资的企业包括上海中赞进出口贸易有限公司、华侨凤凰集团股份有限公司、广州市鼎田木业投资有限公司和深圳市美田实业有限公司等。中国企业随着"走出去"战略在非洲进行投资，响应"一带一路"倡议，有助于降低国内建材行业过剩的产能压力。

3.2.4 中国企业在非洲的其他合作模式

当前中国企业在非洲的其他合作模式主要包括参与承建中国农业技术示范中心。2006年，中国政府宣布在非洲建立10个农业技术示范中心；2009年，中国宣布将中非农业技术示范中心的数量增加至20个。2006—2016年，中国已经在非洲国家援建了26个农业技术示范中心，其中15个处于技术合作期和商业化运营期，11个处于在建和论证阶段（秦路 等，2016）（表3-7）。中非农业技术示范中心是当前中非农业合作的重要形式，具有农业技术示范和传递的功能，旨在提高非洲国家粮食安全水平和农业生产能力。示范中心在受援国建成后移交给当地政府，接下来首先进入3年的技术合作期，中国政府提供无偿援助，进行示范中心的建设和运营，之后进入自主运营合作期，农业技术示范中心自主经营，自负盈亏。

表3-7 中国在非洲主要的农业技术示范中心情况

国家	开始年份	主要示范领域
坦桑尼亚	2009	水稻、玉米、蔬菜、组培、蛋鸡饲养
卢旺达	2009	水稻
埃塞俄比亚	2009	玉米、蔬菜、牧草
乌干达	2009	水产养殖
贝宁	2009	玉米、蔬菜、蛋鸡
多哥	2009	水稻、玉米、蔬菜
利比里亚	2009	水稻、玉米、蔬菜
赞比亚	2009	玉米、大豆、小麦、花生
莫桑比克	2009	水稻、玉米、蔬菜、禽畜养殖

(续表)

国家	开始年份	主要示范领域
南非	2009	淡水养殖、繁殖技术
津巴布韦	2011	玉米、小麦、机械化栽培技术
苏丹	2009	玉米、小麦、棉花
喀麦隆	2009	水稻、玉米
刚果（布）	2009	木薯、蔬菜
马达加斯加	2009	水稻
马里	2012	水稻、玉米、棉花
毛里塔尼亚（农业）	2012	水稻、玉米、小麦、蔬菜
毛里塔尼亚（畜牧）	2012	奶牛养殖、饲草种植
安哥拉	2016	水稻、玉米、肉牛
马拉维	2012	水稻、玉米、棉花
刚果（金）	2012	水稻、蔬菜
中非	2009	玉米、旱稻、木薯、蔬菜、蛋鸡养殖
赤道几内亚	—	水稻、蔬菜、甘薯
科特迪瓦	—	水稻、玉米、蔬菜
厄立特里亚	—	玉米、谷子、蔬菜
布隆迪	—	水稻、玉米

资料来源：李小云（2010）；农业部（现农业农村部）对外经济中心网站；于戈（2016）。

示范中心建设思路主要为企业或研究机构承担运营，政府援助资金启动中心建设和初期运行。如图3-5所示，示范中心分为3个阶段：土建施工阶段、技术合作

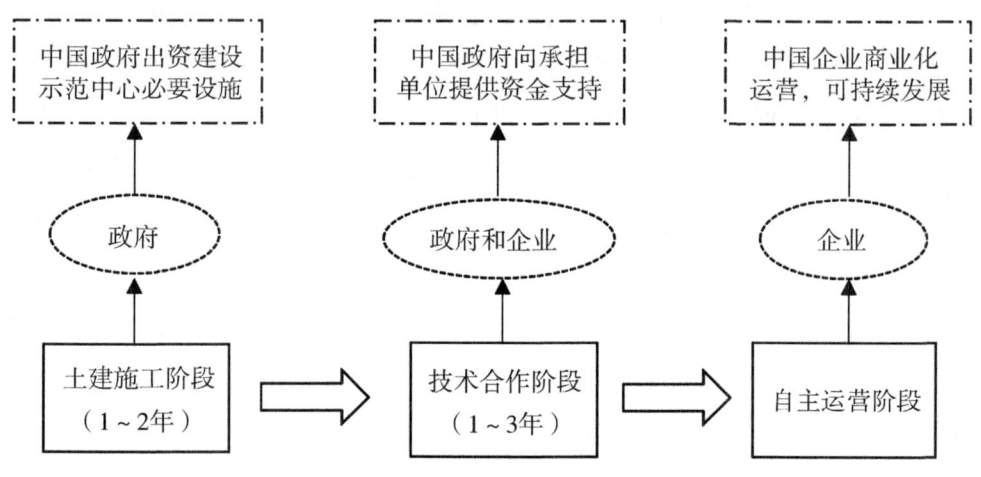

图3-5 示范中心的建立与运营模式

阶段与自主运营阶段。土建施工阶段由中国政府出资建设示范中心的必要设施，如办公楼、实验室、专家公寓和学员宿舍，以及农机、车辆等设备。技术合作阶段为土建施工结束后，由中国政府向承担单位提供资金支持，由项目承担单位开展实验研究、技术培训和示范推广，维持示范中心的正常运行。自主运营阶段也即可持续发展阶段，中国政府将不再提供资金支持，项目承担单位应实现公益性功能与经济功能上的可持续发展。

根据中国以往经验，将援助与商业相结合，是一个能保证双方效益和项目成功的机制（Chichava et al.，2013）。示范中心的核心是政府与企业的关系（Xu et al.，2016），而这一关系与中国"走出去"政策紧密相连（Gu et al.，2016）。20 世纪 90 年代，"走出去"正式成为国家战略，鼓励中国企业包括农业国有企业到国外投资，增加全球粮食供给，为全球农业市场做出贡献的同时，最终巩固中国自身的粮食安全（Alden，2013）。已进入技术合作期的 15 个示范中心中，有 12 个示范中心承担单位为企业。企业参与示范中心项目，能够促进企业走向海外，到海外投资建厂，扩大影响力，符合企业的营利性目标。示范中心的建设得到政府的高度重视，由中央统一协调领导，调动地方政府参与对外援助的积极性，引导地方和社会资源参与对外援助，通过"以省包国"的援外模式，即某个省负责一国或几国的援外任务。为了建设更广泛的海外合作平台，地方政府希望并鼓励本省的龙头企业到海外投资发展，进行试验示范、培训和提供技术推广服务。商务部和农业部通过招标的方式，选择示范中心的承担企业，而对投标企业的选择需要经过中央政府和地方政府的多轮谈判。由此可见，示范中心具有公益性和营利性的双重性质，其建立符合国家"走出去"战略，有利于充分利用国际和国内 2 种资源、2 个市场，也是政府援助非洲、为非洲提供农业技术服务的重要方式，同时也满足企业扩大海外投资、提高国际影响力的营利性需求，因此能够同时满足政府部门和企业部门的利益诉求。

示范中心项目从设计阶段就开始探索企业的可持续发展路径，实现援助项目公益性和企业营利的双重目标。具体来看，商务部和农业部负责前期的推动和管理等总体设计，组织示范中心选点考察、可行性分析、方案设计与预算，在土建施工阶段，政府出资建设基本设施，批准项目施工和竣工验收，与当地政府签订移交证书。在技术合作阶段，政府为每个示范中心提供 500 万~600 万美元的总资助，保证企业的试验和培训等项目等能够顺利进行，并对企业开展的项目进行检测与评估。而企业在农业专家人事安排、试验培训和推广计划等方面具有决策权。技术合作期间，农业部为示范中心项目提供技术培训与指导。因此，在土建施工和技术合作期内政府和企业的合作有利于帮助私营部门适应非洲当地的政治、经济和自然条件,更好地规划可持续发展策略,增强承担企业的稳定性和积极性,以便顺利过渡到自主运营期。从政策设计上来看,示范中心属于公私合作模式中的包容性的商业行为,即"发展机构为企业提供一定的技术、知识和前期抵抗风险资金的支持,来促进企业向有利于穷人的产业和行业进行投资"(李小云 等,2017)。

3.3 本章小结

本章主要对中国对非洲农产品出口结构和直接投资的发展动态进行了梳理。在农产品贸易方面,2000—2017年中非农产品贸易额呈上升趋势,由2000年的4.9亿美元提高至2017年的56.5亿美元;中国对非洲农业中间品和农业资本品出口日益增多,地位日渐重要,总体来看,中国对非洲的3类产品出口份额呈比较集中的态势。在直接投资方面,中国对非洲直接投资的力度和规模不断发展,其中农业直接投资领域包括种植业、畜牧业、渔业、林业和农产品加工业等。此外,中国企业与国家援助项目相结合,承担建设中国援非农业技术示范中心,实现公益性和经营性双重目标。本章为下文提供了现状背景分析,总体来看,中国对非洲农产品出口和直接投资的规模都有所扩大,这是否能对非洲产生农业技术溢出效应,将在下文进一步探索。

4

非洲农业全要素生产率的测算与分析

根据内生增长理论，R&D 投入是 TFP 的增长源泉。增加 R&D 投入一方面要依靠本国增加科技研发投入；另一方面可通过国际贸易或国际直接投资而实现。贸易和投资分别以实物和资本为载体，蕴含出口国和投资国的 R&D 投入，可以成为进口国或东道国的 TFP 增长源泉。TFP 是一个衡量技术进步的重要指标，国际技术溢出效应存在与否，以能否提高 TFP 及其对经济增长的贡献作衡量，这一判断标准具有较好的代表性和可计算性。因此，本书将以农业 TFP 作为非洲农业技术水平的一种表征，国际农业技术的溢出效应则以其对非洲农业 TFP 的影响来表示。本章将测算非洲农业 TFP，并对测算结果进行进一步的分析，为下文的实证研究确立基础。

4.1 引　　言

非洲独立以来，农业总产值得到长期的持续增长。由图 4-1 可见，1970—2017 年，非洲农业总产值的名义值由 781 亿美元增长至 3517 亿美元，增长了 4.5 倍，年均增长率为 3.3%。分阶段来看，1970—1984 年、1985—2002 年和 2003—2017 年 3 个阶段农业总产值分别增长了 1.29%、3.76% 和 4.32%，农业总产值增加越来越快。分区域来看，西部非洲的农业产出趋势与非洲整体相似，且在几个区域中为最高水平，其次是东部非洲、中部非洲和南部非洲。1970—2017 年，世界农业总产值由

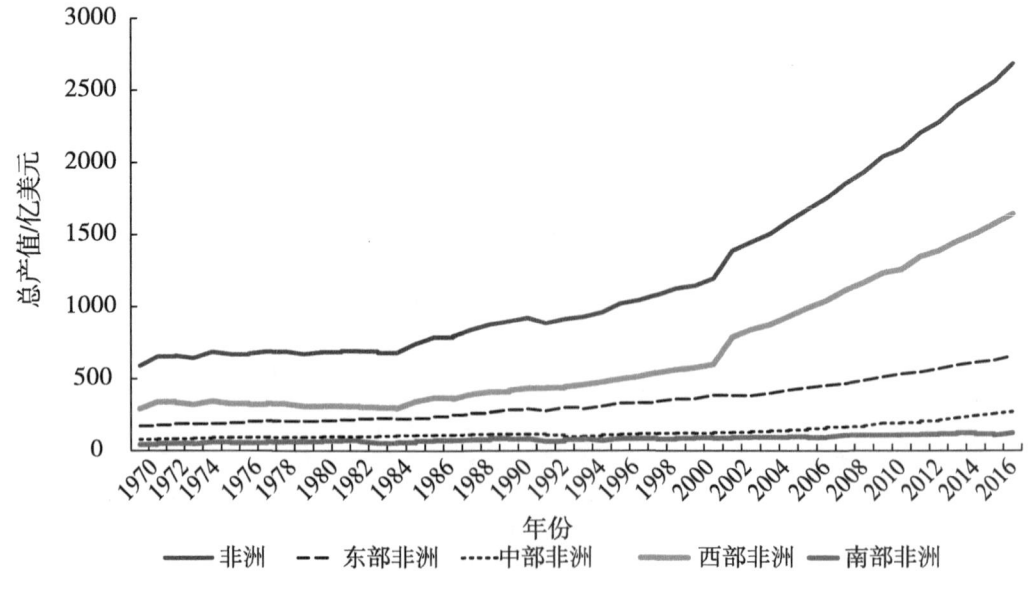

图 4-1　1970—2017 年非洲地区农业产出

9346亿美元增长至30709亿美元，增长了3.3倍，年均增长率为2.6%。由此可见，非洲农业总产值增长率高于世界平均水平，且占世界农业总产值由8.4%提高至11.7%，在世界农业总产值中的地位逐渐提高，具有较大的潜力。从农业总产值的年度增长率来看（图4-2），1970—2017年非洲一直处于较大的起伏波动状态，其中最高增长率为2002年的11.45%，最低则为1992年的-4.77%。与世界平均水平相比，非洲农业总产值年度增长率波动很大，农业发展不稳定。

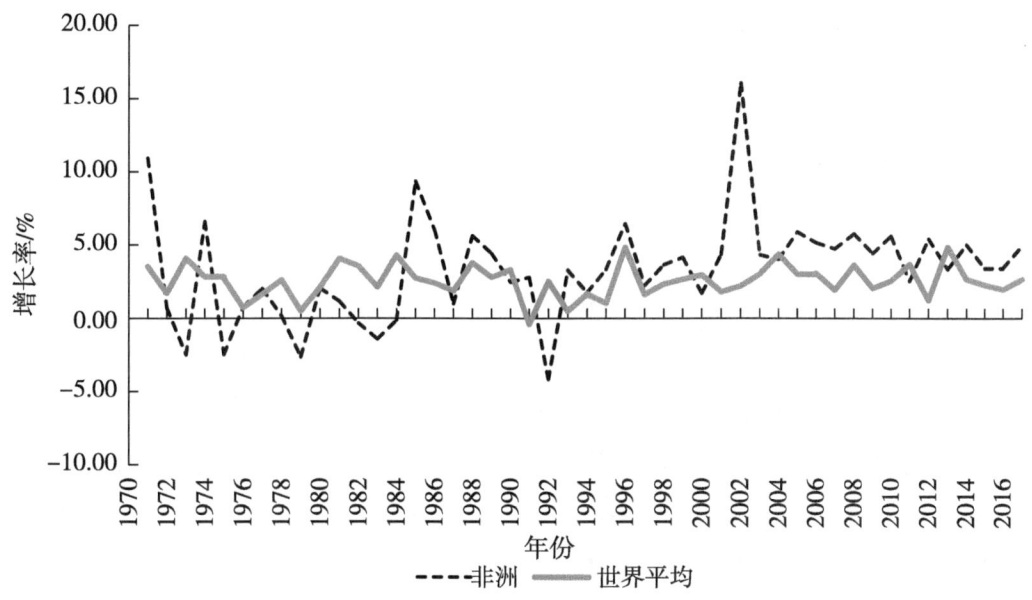

图4-2　1970—2017年非洲和世界农业总产值年度增长率

过去40年非洲农业产量波动较大，根据FAO估计，1961—2013年农业产量增长率为2.87%，2000年后的平均增长率达到4.3%。2000年之前，总产量非常低并经常出现下降的情况，如1983年、1987年和1992年。南部非洲2000年以来出现了最大的波动，1992年增长率为-12%。2000年后非洲出现较为稳定和快速的增长，除了2007年受到全球粮食危机的影响而出现增长率下降。中部非洲在这一阶段实现了最强的增长，平均增长率达到4.09%。然而2007年后，非洲最大的区域——西部非洲出现农业产量的大幅波动，2000年之后西部非洲的平均农业产量增长率为2.95%，低于1961年来的平均水平，这表明非洲农业发展出现不确定的趋势，需要对可持续发展引起足够的重视。

农业TFP反映了农业生产过程中所有投入要素的综合使用效率，是衡量农业技术进步的重要指标，本章将测算非洲农业TFP，并对测算结果进行进一步的分析，了解并把握非洲农业技术水平现状。

4.2 文献回顾

4.2.1 农业全要素生产率的测算方法

对农业 TFP 的测算方法上,已有研究通常采用参数法或非参数法。参数法测度 TFP 方面,现有文献主要运用两种生产函数,一种是平均生产函数,另一种是前沿生产函数。其中,平均生产函数首先对生产函数进行设定,假设所有生产中要素被完全使用,生产是完全有效的,通常设定为 C-D 函数形式,并假设生产中包含 2 种投入要素,具体形式如下:

$$Y_t = A_t L_t^\alpha K_t^\beta \qquad (4-1)$$

其中,Y_t 为 t 时期产出;L_t、K_t 分别为劳动和资本要素投入;A_t 为生产技术即 TFP。在 C-D 函数中;A_t 为希克斯中性技术进步,即要素之间的边际替代率不变,对式(4-1)取对数后得到以下形式:

$$\ln Y_t = \alpha \ln L_t + \beta \ln K_t + \ln A_t \qquad (4-2)$$

再对式(4-2)进行求导得到:

$$\frac{dTFP}{TFP} = \frac{dA_t}{A_t} = \frac{dY_t}{Y_t} - \alpha \frac{dL_t}{L_t} - \beta \frac{dK_t}{K_t} \qquad (4-3)$$

由此可知,TFP 的变化取决于产出的变化减去投入要素的变化,通常 $\ln A_t$ 在实际计算中被作为残差项。当 $\alpha + \beta = 1$ 即生产规模报酬不变时,这种测算方法被称为索洛残差法或生产函数法,是新古典增长理论的重要贡献。在参数方法方面,多数文献沿用 Hayami et al.(1985)等的开创性工作后,假设生产函数为规模报酬不变的 Cobb-Douglass 形式。

随着 Aigner et al.(1977)提出随机前沿分析(Stochastic Frontier Analysis,SFA),多数学者开始构建随机前沿生产函数并测算 TFP。随机前沿法运用计量方法测算出生产函数前沿,在此基础上,得出生产的技术效率和前沿技术之间的距离,其一般形式为 $Y_{it} = f(X_{it}, t; \beta)\exp(V_{it} - U_{it})$,$Y$ 为总产出,X 为要素投入,$f(X, t; \beta)$ 为生产函数,代表现有技术条件下确定性前沿产出水平,β 为待估参数,V 为随机误差项;U_{it} 为技术无效率项,产出期望与随机前沿期望的比值即为技术效

率 $e^{-\mu}$。参数法不断得到扩展和创新，当前受到广泛应用的随机前沿生产函数多为固定系数的方式，在此基础上，Gong（2020a）使用了"新增长核算法"，使用变系数随机前沿模型，估计了各因素对生产率的影响进而对经济增长的影响，识别研发投入、国际贸易和农业结构转型对农业增长的传导机制。同样使用变系数随机前沿模型方法的还有 Gong（2018a）、Gong（2018b）、Gong（2020b）等。

非参数方法也是测算 TFP 的重要手段。非参数方法不设定生产函数的具体形式，其中数据包络分析法（Data Envelopment Analysis，DEA）应用较为广泛。DEA 是由 Charnes et al.（1978）联合构造开发的，以运筹学的知识理论为基础，以非参数估计为核心特征。DEA 不需要确定具体的投入产出的方程函数形式，只需根据投入和产出数据的输入和输出，通过建立优化有效的非参数估计模型就可以估计出有效的生产前沿面，从而可以在时间维度和空间维度上比较不同生产决策单元的效率差异和动态变化趋势。DEA 是以相对效率概念为基础发展起来的一种效率评价方法，是使用数学规划比较决策单元（Decision Making Unit，DMU）之间的相对效率，对决策单元做出评价。如果把一个 DMU 视为一个经济体，那么根据各个 DMU 的投入与产出的组合向量，使用数学规划方法包络出一个刻画最优投入产出关系的前沿面，那么就可以把每个经济体（DMU）与生产前沿面的距离进行比较，从而评价各个经济体的全要素生产率。基于数据包络分析的曼奎斯特指数法，即 DEA - Malmquist，可以将全要素生产率分解为技术进步、技术效率和规模效率，并明确各因素的贡献。随着全要素生产率问题研究的推进，DEA-Malmquist 成为全要素生产率重要的研究方法之一。

此外还有一些半参数方法（Gong，2018c；Wu et al., 2018），以及介于 SFA、DEA 之间的方法，但限于本节的研究方法，不对其进行过多阐述。

4.2.2 非洲农业 TFP 的测算方法回顾

已有文献试图测算和比较不同非洲国家的农业 TFP，本书归纳概括了近年来对非洲农业 TFP 的相关研究，样本选择、变量选取和测算方法如表 4-1 所示。

表 4-1 关于非洲农业 TFP 计算的已有研究

文献	时段	样本	产出变量	投入变量	方法
Steven et al.（1995）	1963—1988	非洲 39 国	粮食产值	土地、劳动力	生产函数法

(续表)

文献	时段	样本	产出变量	投入变量	方法
Alene（2010）	1970—2004	非洲47国	农业总产值	土地、劳动力、化肥、机械	Malmquist指数法
Block（2010）	1961—2007	非洲44国	农业总产值	土地、劳动力、化肥、机械、牲畜	生产函数法
Fuglie（2013）	1961—2008	非洲33国	农业总产值	土地、劳动力、牲畜存量、农业机械、化肥投入	生产函数法
Nin-Pratt（2015）	1961—2012	非洲40国	农业总产值	土地、劳动力、化肥、机械、牲畜、饲料	半参数法
USDA	1961—2016	非洲50国	农业总产值	土地、劳动力、化肥、机械、牲畜、饲料	生产函数法

第一，从样本选择来看，已有文献选取的样本国家和时期较为相似，文献往往探究1961年之后不同国家的农业TFP，但具体国家和时段有所差别，有些涉及47个国家（Block，2010），有些涉及26个国家。第二，从变量选择来看，对农业TFP的测算首先需要界定投入和产出变量。已有文献多将农业产出理解为农业总产值，对于农业投入而言，多数文献将其理解为土地、劳动力、机械、化肥和牲畜投入。第三，从研究方法来说，已有文献采用了参数法、非参数法和半参数法探究了非洲农业TFP。Block（2010）和Fuglie（2011）采用参数法估计了非洲的农业生产函数并分析了影响农业TFP的因素。Fuglie（2011）假设非洲农业生产服从规模报酬不变的Cobb-Douglas函数：$Y_t = A_t (\prod_i X_{it}^{\theta_i}) e^{\mu_t}$，其中$Y_t$为农业产出，$X_{it}$为投入要素，$\theta_i$为投入要素的生产弹性，且$\sum_{i=1}^{I} \theta_i = 1$，即表示规模报酬不变，$\mu_t$为误差项，根据扩展的索洛余值对生产率的定义，$A_t$为产出中未被要素投入解释的剩余部分，即全要素生产率。Fuglie et al.（2013）以C-D函数的形式估计了非洲国家的农业生产函数，计算了农业TFP，并检验了影响农业TFP的因素，发现农业研发投入、技术采纳率的提高对农业TFP有显著的正向影响，而居民健康问题、战争因素则对农业TFP的增长有阻碍作用。Nin-Pratt（2015）通过参数法与非参数法结合的方式，估计了非洲农业生产函数，并测算了技术效率。该研究发现，非洲国家劳动生产率的区别在于劳均投入不同，低劳均投入与低技术效率显著相关，高劳均投入的非洲国家，出现了明显的技术进步。Nin-Pratt（2015）认为非洲国家需要适合自身发展的

技术，这对政策、R&D 投资分配、需要推广的技术类型和国家应遵循的增长路径都有重要的启示。

总体来看，虽然非洲地区农业总产值增长较快，但由于要素生产率低，可以认为农业发展主要的贡献来自生产要素投入的增加。Block（2010）指出非洲农业产量的增加主要源于土地规模的扩张，人均土地每增加 10%，将导致农业产出增加 8%。Fuglie et al.（2013）发现尽管非洲农业有所发展，但农业生产率却远落后于世界其他地区，几乎是世界发展中国家平均水平的一半。他们认为非洲国家应通过长期的国内和国际研发投资积累知识资本，不断向农民传递完善的生产技术，同时还应改善农民采纳技术的环境，为农民采纳新技术提供必要的支持服务。Nin-Pratt（2015）认为非洲农业发展依然危机重重，需要在未来促进农业技术进步，不断提高 TFP 增长率，否则 TFP 增长率将有出现下降的可能。他们认为非洲国家有必要通过加强对农业研发的投资以加快技术进步，同时应改善技术扩散环境，提高技术采纳率，还应增加劳均投入，这样不仅能提高人均产出，还可以促进技术采纳和 TFP 增长。

4.3 非洲农业 TFP 的测算

根据前文论述，可以发现在对非洲农业 TFP 研究的时段方面，大多数时段较为陈旧，其中美国农业部（USDA）对非洲农业 TFP 的测算时段区间为 1961—2016 年，具有较新的结果。为了尽可能使用更新的数据，并与后文实证分析的时段保持一致，同时为了避免方法和样本不同而导致的测算结果不一致，本书不使用文献中的测算结果，而是对 1971—2017 年非洲农业 TFP 进行测算，把握非洲的农业技术水平。

在农业 TFP 的测算方法方面，生产函数法需要给出具体的生产前沿面函数形式，还需要对技术非效率项的概率分布做出假设，且需要对模型和参数进行计量检验，容易产生误差，导致整个模型的估计结果出现偏差。DEA-Malmquist 指数法不需要设定具体的生产函数，只需有投入和产出的观测值即可，可以一定程度上避免生产函数设定偏误，以及估计过程中的形式假定和参数分布假定问题。本书将数据缺失严重的国家予以剔除，选取 30 个非洲国家，采用不需要成本数据的 DEA-Malmquist 指数法对农业 TFP 进行测算，根据已有的关于农业 TFP 测算文献的经验，本书采用产出为导向的 DEA-Malmquist 指数法来测算非洲农业 TFP，该方法可以把 TFP 分解为 2 个生产期之内的技术效率的变化（Technical Efficiency Change）和生产技术的变化（Technological Change），从而使得生产前沿的变化状态能够得到观察和分析。

4.3.1 DEA-Malmquist 方法和模型

Malmquist（1953）提出了 Malmquist 指数，Charnes et al.（1978）将该指数与 DEA 理论相结合，此后 DEA-Malmquist 指数法开始获得广泛应用。如果将每一个国家的农业生产看作一个决策单位，置于相同的技术结构下，即可构造出 t 时期农业生产的最佳前沿面，作为判断每个决策单位的生产绩效基准。因此将每个决策单位的实际产出点与生产前沿面进行比较，就可以测度技术效率和技术进步的变化，二者乘积即可用来测度 TFP。运用 Malmquist 指数法来测度技术效率的变化和技术进步，需要定义产出的距离函数。基于距离函数的 DEA-Malmquist 指数法被广泛应用于农业生产率的国际比较中。

首先设定一国的农业产出为以下形式：

$$y_{it} = E_i \times F(x) \tag{4-4}$$

式（4-4）中，y_{it} 为 t 时期内 i 国的农业产出；x 为生产要素投入向量；E 为衡量投入要素的使用效率，且取值在 0 和 1 之间。生产函数 $F(x)$ 为生产可能前沿或能达到的最大产出。得出生产前沿和效率后，能够得出实际产出。在这一界定下，生产集合 S 定义为以下形式：

$$S = \{(x,y) : y \leq F(x)\} \tag{4-5}$$

产出距离函数 $D(x,y)$ 为在一定的 x 投入水平下产出最大增量，表示如下：

$$D(x,y) = [sup\{\theta : (x, \theta y) \in S\}]^{-1} \tag{4-6}$$

当 $(x,y) \in S$ 时 $D(x,y) \leq 1$，若 $D(x,y) = 1$ 意味着产出处于生产前沿。

假设在时刻 $t = 1, 2, \cdots, T$，决策单位使用生产技术 S_t 进行生产，Y_t 为产出，投入要素为 X_t，因此 t 时刻技术的生产可能集合为：

$$S_t = \{(X_t, Y_t) : X_t \text{ 生产 } Y_t\} \tag{4-7}$$

以 S 时刻的技术为参考，Malmquist 全要素生产率指数可定义为：

$$M_0^s = D_0^s(X^t, Y^t) / D_0^s(X^s, Y^s) \tag{4-8}$$

式中：$D_0^s(X^s, Y^s)$ 为以 s 时刻的生产技术为参照时 (X^s, Y^s) 所能达到的最大可能产出与实际产出之比；$D_0^s(X^t, Y^t)$ 为以 t 时刻的生产技术为参照时 (X^t, Y^t) 所能达到的最大可能产出与实际产出之比。以 t 时刻的技术为参照，Malmquist 全要素生产率指数可定义为：

$$M_0^t = D_0^t(X^t, Y^t) / D_0^t(X^s, Y^s) \tag{4-9}$$

用 2 个 Malmquist 指数的平均值来计算 TFP 的变化。在规模报酬不变（Constant Return to Scale）的情形下，Malmquist 指数测度了生产率指数的变化，该指数可表达为以下形式：

$$M_0^t(X^t, Y^t, X^s, Y^s) = \left[\frac{D_0^s(X^t, Y^t)}{D_0^s(X^s, Y^s)} \times \frac{D_0^t(X^t, Y^t)}{D_0^t(X^s, Y^s)}\right]^{\frac{1}{2}} = \frac{D_0^t(X^t, Y^t)}{D_0^s(X^s, Y^s)} \times$$

$$\left[\frac{D_0^s(X^t, Y^t)}{D_0^t(X^s, Y^s)} \times \frac{D_0^s(X^s, Y^s)}{D_0^t(X^s, Y^s)}\right]^{\frac{1}{2}} \tag{4-10}$$

式（4-10）中，等式右边第一项 $\frac{D_0^t(X^t, Y^t)}{D_0^s(X^s, Y^s)}$ 衡量了技术效率变化（TEC），第二项括号内的部分衡量了技术进步变化（TP）。因此利用 Malmquist 指数可将 TFP 增长分解为技术效率指数和技术进步指数。在规模报酬可变（VRS）的条件下，技术效率指数又可分解为纯技术效率指数（PEC）和规模效率指数（SEC），形式如下：

$$TEC^t = \frac{D_0^t(X^t, Y^t)}{D_0^s(X^s, Y^s)} = \frac{D_0^t(X^t, Y^t)_{CRS} / D_0^t(X^t, Y^t)_{VRS}}{D_0^s(X^s, Y^s)_{CRS} / D_0^s(X^s, Y^s)_{VRS}} \times$$

$$\frac{D_0^t(X^t, Y^t)_{VRS}}{D_0^s(X^s, Y^s)_{VRS}} = \frac{SE^t(X^t, Y^t)}{SE^s(X^s, Y^s)} \times \frac{D_0^t(X^t, Y^t)_{VRS}}{D_0^s(X^s, Y^s)_{VRS}} \tag{4-11}$$

式（4-11）中，等号最右边的第一项为规模效率指数（SEC），第二项为纯技术效率指数（PEC）。因此 Malmquist 指数（TFP 增长率）可表达为以下形式：

$$TFP^t = TEC^t \times TP^t = SEC^t \times PEC^t \times TP^t \tag{4-12}$$

当规模效率大于 1 时，说明规模效率提高；纯技术效率变化大于 1 时，说明资源配置与利用的改善带来效率提高；技术变化大于 1 时，说明生产技术得到改进。当 TFP 大于 1 时，则表明综合生产率得到改善。当上述指标小于 1 时，则说明效率出现恶化。

4.3.2 变量选取与数据说明

根据表 4-1 的相关文献选择产出和投入变量，本书选取变量的数据来源和说明如下。

(1) 产出变量：农业总产值（Output）

产出变量采用以 2005 年不变价格国际元（美元）计算的农业总产值。FAO 数据库公布了包含 198 种作物和畜产品在内的年度产出，通过 2004—2006 年全球平均价格计算得出实际农业产值。通过数据检验发现，FAO 发布的 2000 年之后的尼日利亚农业产出与该国生产水平差距较大，因此 2000 年后的尼日利亚农业产值数据采用 WDI 数据库的农业总产值数据代替。

(2) 投入变量

1) 劳动投入（Labor）。农业劳动力投入采用农业从业人数。首先从 FAO 数据库得到劳动数据，即始于 1980 年统计的经济活跃农业人口。对于 1971—1979 年的劳动数据，根据 USDA（2014）的年均增长率，进行数据推断补充。

2) 土地投入（Land）。采用 FAO 统计的农业用地数据，包括临时耕作作物和草场、永久作物及草场、短时休耕面积等，其中双季及多季作物的耕地面积仅计算一次。

3) 农机投入（Machinery）。采用 40CV 拖拉机当量数据。根据 USDA 的界定，每台 4 轮拖拉机、2 轮拖拉机、动力收割机、挤奶机分别为 40CV、12CV、20CV 和 1CV。当前 FAO 对农机投入的统计仅截至 2009 年，其中多数非洲国家的统计年份甚至不超过 2005 年，对此借鉴 USDA 的计量方法，补足缺失年份的数据。参考 USDA 的方法，随着非农收入的增加，农业劳动力将向非农部门转移，这将促进农业机械投入的增加，以替代转移的农业劳动力，发现发达国家和发展中国家都表现出这一趋势。对此根据 1971—2009 年各国的面板数据，建立计量模型：

$$\ln\left(\frac{CV}{Worker}\right) = \beta_0 + \beta_1 \ln\left(\frac{Cropland}{Worker}\right) + \beta_2 \ln\left(\frac{GDP}{Population}\right) \qquad (4-13)$$

式中：$\frac{CV}{Worker}$ 为农业劳均农机投入；$\frac{Cropland}{Worker}$ 为农业劳均耕地面积；$\frac{GDP}{Population}$ 为人均 GDP；β_0、β_1、β_2 为待估参数。对式（4-13）进行固定效应估计，得出 $\hat{\beta}_1$ 和 $\hat{\beta}_2$ 并代入式（4-14）：

$$\Delta\ln\left(\frac{CV}{Worker}\right) = \hat{\beta}_1 \Delta\ln\left(\frac{Cropland}{Worker}\right) + \hat{\beta}_2 \Delta\ln\left(\frac{GDP}{Population}\right) \qquad (4-14)$$

由此得出劳均农机投入增长率，进而得出 2010—2017 年的农机投入量。

4) 化肥投入（Fertilizer）。采用 N、P_2O_5、K_2O 化肥折纯量，数据来自国际化肥工业协会（IFA）的 IFADATA。IFADATA 仅统计了尼日利亚、坦桑尼亚、喀麦隆、津巴布韦、科特迪瓦、塞内加尔、南非、肯尼亚、赞比亚、埃塞俄比亚的农业化肥投入量,而其他非洲国家统一由"其他非洲国家"表示。对这些"其他国家",以每国作物收获面积比例计算每个国家的化肥投入。

5)牲畜投入(Livestock)。牲畜投入可以看作为牲畜存量,是用于繁殖、生产蛋奶皮毛产品以及提供畜力的牲畜价值,在 Fuglie et al.(2013)和 Nin-Pratt(2015)的研究中都将牲畜存量作为农业生产的一种投入要素。牲畜投入采用存栏牛当量计算,数据来自 FAO,包括奶牛、其他牛类、水牛、骆驼、马、猪和禽类等。各种牲畜的存栏牛当量计算权重来自 USDA(2019)的方法,即1头骆驼为1.1存栏牛当量,1匹马为1存栏牛当量,1头骡子为1存栏牛当量,1头驴为存栏牛当量,1头奶牛为1存栏牛当量,其他牛类为0.8存栏牛当量,1只山羊或绵羊为0.1存栏牛当量,1头猪为0.2存栏牛当量,1000只禽类为10存栏牛当量。

6)饲料投入(Feed)。采用饲料的可代谢总能量计算,数据来自 FAO 食物供给平衡表。具体包括用于饲料的动物产品,如动物脂肪、肉、奶,以及作物产品,如谷物、豆类、豆粕类、水果、蔬菜和根茎类产品。根据美国国家研究委员会的测算,得出各种饲料所含的能量换算参数,将各种饲料统一转换为可代谢总能量。由于 FAO 对饲料投入的统计仅截至2013年,因此2014—2017年的数据将根据同时期牲畜投入的增长率进行测算补充。

在样本选择方面,首先剔除农业产出和投入数据缺失较多的9个国家,之后根据本书的研究目标,将中国对其农产品出口和直接投资数据缺失较多的9个国家予以剔除,最后共选取30个国家为本书的研究样本,时间为1971—2017年。样本国家如下:安哥拉、贝宁、博茨瓦纳、布隆迪、喀麦隆、中非共和国、刚果、科特迪瓦、埃塞俄比亚、冈比亚、加纳、几内亚、肯尼亚、莱索托、马达加斯加、马拉维、马里、莫桑比克、毛里塔尼亚、毛里求斯、纳米比亚、尼日尔、尼日利亚、塞内加尔、南非、坦桑尼亚、多哥、乌干达、赞比亚和津巴布韦。表4-2为书中所使用投入产出变量取对数后的含义及描述性统计分析。

表4-2 变量含义及描述性统计分析

变量	变量含义	观测量	均值	标准差	最小值	最大值
lnoutput	农业产值	1 363	7.2975	1.2648	4.5588	11.6466
lnlabor	劳动投入	1 363	14.3705	1.3640	10.4603	17.3314

(续表)

变量	变量含义	观测量	均值	标准差	最小值	最大值
lnland	土地投入	1 363	14.7265	1.2049	11.7981	17.4264
lnmachinery	农机投入	1 363	3.5485	1.1171	2.3257	7.1269
lnfertilizer	化肥投入	1 363	14.5929	1.2075	10.6805	17.5570
lnlivestock	牲畜投入	1 363	11.1430	2.1403	4.7875	17.4003
lnfeed	饲料投入	1 363	11.7405	2.6476	2.3026	17.5135

4.4 非洲农业 TFP 测算结果分析

（1）非洲整体农业 TFP 结果分析

利用 1971—2017 年 30 个非洲国家的农业投入—产出数据，基于 DEA-Malmquist 指数，得出非洲整体农业 TFP 的测算结果，如表 4-3 所示。1971—2017 年 30 个非洲国家农业 TFP 呈波动增长的态势，样本期内平均农业 TFP 指数为 1.015，即年均增长率为 1.5%。由于 DEA-Malmquist 测算的是两期之间的农业全要素增长率，为了有相同的比较基准并且把握农业全要素生产率的长期演变趋势，可以将 Malmquist 指数换算成以 1970 年为基期的累计增长率，非洲农业 TFP 累积增长率达到 1.998，意味着样本期内非洲农业 TFP 累计增长率提高 1.998 倍。在样本期内，农业技术效率指数和技术进步指数分别为 1.016 和 1.0，出现了农业技术效率增强、而技术进步停滞的局面。在技术效率中，纯技术效率指数和规模效率指数分别为 1.004 和 1.012，纯技术效率和规模效率增强。总体来看，非洲地区农业 TFP 增长并非稳定不变，随着时间推移，均呈现明显的波动性，但总体呈增长态势。

表 4-3 非洲农业 TFP 测算结果及其分解

年份	技术效率指数（TEC）	技术进步指数（TP）	纯技术效率指数（PEC）	规模效率指数（SEC）	TFP指数	TFP累计增长率
1971	1.002	1.001	0.947	1.058	1.003	1.003
1972	1.005	0.994	1.02	0.985	0.999	1.002

(续表)

年份	技术效率指数（TEC）	技术进步指数（TP）	纯技术效率指数（PEC）	规模效率指数（SEC）	TFP指数	TFP累计增长率
1973	0.962	1.018	1.005	0.957	0.979	0.981
1974	1.007	1.013	0.960	1.049	1.020	1.001
1975	1.060	0.904	1.087	0.975	0.958	0.959
1976	1.093	0.918	1.054	1.037	1.003	0.962
1977	1.028	0.988	1.000	1.028	1.016	0.977
1978	0.979	1.018	0.967	1.012	0.997	0.974
1979	1.057	0.939	1.012	1.044	0.993	0.967
1980	0.937	1.069	0.978	0.958	1.002	0.968
1981	0.946	1.002	0.982	0.963	0.948	0.918
1982	1.148	0.845	1.085	1.058	0.970	0.891
1983	1.072	0.904	1.067	1.005	0.969	0.863
1984	0.938	1.065	0.975	0.962	0.999	0.862
1985	0.985	1.056	0.963	1.023	1.040	0.897
1986	1.004	1.022	1.010	0.994	1.026	0.920
1992	1.006	0.927	1.004	1.002	0.933	0.937
1993	1.038	0.991	1.022	1.016	1.029	0.964
1994	0.963	1.034	0.978	0.985	0.996	0.960
1995	1.078	0.960	1.064	1.013	1.035	0.994
1996	1.010	1.040	1.000	1.010	1.050	1.044
1997	0.991	1.019	1.000	0.991	1.010	1.054
1998	1.011	1.016	1.010	1.001	1.027	1.082
1999	0.998	1.035	1.027	0.972	1.033	1.118
2000	0.999	1.030	1.045	0.956	1.029	1.151
2001	1.074	0.962	1.067	1.007	1.033	1.189
2002	0.995	1.034	0.892	1.115	1.029	1.223
2003	1.189	0.864	0.976	1.218	1.027	1.256
2004	1.008	1.021	1.011	0.997	1.029	1.293
2005	0.931	1.104	0.948	0.982	1.028	1.329

(续表)

年份	技术效率指数（TEC）	技术进步指数（TP）	纯技术效率指数（PEC）	规模效率指数（SEC）	TFP指数	TFP累计增长率
2006	1.038	0.991	0.994	1.044	1.029	1.367
2007	1.072	0.961	1.038	1.033	1.031	1.409
2008	0.979	1.052	0.983	0.996	1.030	1.451
2009	0.935	1.105	0.998	0.937	1.033	1.499
2010	1.007	1.027	1.002	1.005	1.034	1.550
2011	1.019	1.012	0.998	1.021	1.031	1.599
2012	1.022	1.012	1.017	1.005	1.034	1.654
2013	0.994	1.042	0.976	1.018	1.036	1.713
2014	0.992	1.047	1.021	0.972	1.039	1.779
2015	1.038	0.999	1.004	1.034	1.037	1.846
2016	1.053	0.988	0.994	1.059	1.040	1.919
2017	0.987	1.055	0.986	1.001	1.041	1.998
平均	1.016	1.000	1.004	1.012	1.015	—

表4-1中文献的样本考察为1961—2008年，其中，根据Fuglie（2011）的研究结果，20世纪60年代农业TFP增长率均为正；到70年代，除Block（2010）以外，其他研究均得出非洲农业TFP增长率为负的结论；80年代后，农业TFP恢复增长；但在整个样本期内，除Avia（2011）的结果显示非洲农业TFP增长率为1.44%以外，其他所有研究计算出增长率不如1%。Avia et al.（2011）在分析中加入了北非地区，继而得出全部非洲大陆的农业TFP平均增长率有少量提高。Nin-Pratt（2015）发现南部撒哈拉地区1961—2006年平均农业TFP增长只有0.2%。由于本书测算的样本期与文献不一致，因此对于整个样本期内的农业TFP变化情况来说，结果不具有可比性，但分阶段来看，20世纪70年代非洲农业TFP出现增长率为负的情况，80年代后恢复增长，符合大多数文献的测算结果。由于本书考察的是21世纪以来中国对非洲的农业技术溢出效果，因此着重关注2000—2017年非洲农业TFP的变化情况。从图4-3可看出，2000—2017年，非洲农业TFP呈上升趋势，虽然期间有所波动，但整体来看上升速度逐渐加快。在TFP指数加快上升的带动下，累计TFP增长率也呈上涨趋势。

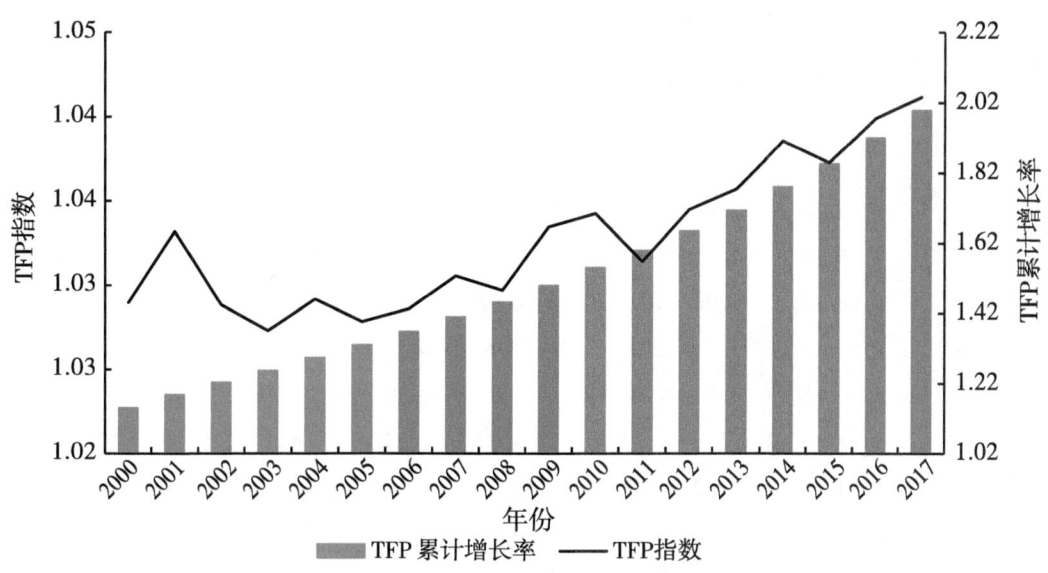

图 4-3 2000—2017 年非洲农业 TFP 指数及累计增长率

(2) 非洲各国农业 TFP 测算结果分析

考虑到各国发展水平和资源禀赋条件的差异，表 4-4 为样本各国主要年份的农业 TFP 指数，及其在各时期的年均变化率，体现各国的差异性。首先从农业 TFP 指数来看，大多数国家的农业 TFP 指数都比基期年份有所提高。其中，2017 年农业 TFP 指数处于前十位的国家为南非、科特迪瓦、埃塞俄比亚、安哥拉、塞内加尔、赞比亚、埃塞俄比亚、马里、纳米比亚、马拉维和尼日尔。但还应注意，一些国家的农业 TFP 指数出现了下降，其中 2017 年莱索托农业 TFP 指数最低，为 0.9，其次是冈比亚、刚果、布隆迪。

表 4-4 主要年份非洲各国农业 TFP 指数及年均增长率

项目	农业 TFP 指数						农业 TFP 指数年均增长率/%				
	1971	1981	1991	2001	2011	2017	1971—1980	1981—1990	1991—2000	2001—2010	2011—2017
安哥拉	1.03	0.82	0.94	1.05	0.98	1.11	-1.19	0.70	0.57	-0.36	0.66
贝宁	0.99	0.94	1.07	1.02	1.05	1.07	-0.27	0.69	-0.24	0.15	0.08
博茨瓦纳	1.22	0.91	1.15	1.10	1.16	1.03	-1.52	1.22	-0.24	0.27	-0.63
布隆迪	1.04	1.00	1.01	0.94	0.99	1.00	-0.17	0.05	-0.42	0.29	0.05
喀麦隆	0.99	0.92	0.97	0.94	1.07	1.04	-0.34	0.24	-0.13	0.65	-0.15
中非共和国	0.97	1.00	1.00	1.03	1.10	1.04	0.17	0.00	0.14	0.36	-0.32
刚果	1.02	0.92	0.87	1.05	1.05	0.98	-0.51	-0.30	1.01	-0.04	-0.35

（续表）

项目	农业 TFP 指数						农业 TFP 指数年均增长率/%				
	1971	1981	1991	2001	2011	2017	1971—1980	1981—1990	1991—2000	2001—2010	2011—2017
科特迪瓦	1.04	0.90	0.97	0.86	1.08	1.13	-0.75	0.40	-0.67	1.22	0.23
埃塞俄比亚	1.13	1.01	1.01	1.09	1.09	1.11	-0.57	0.01	0.38	0.02	0.13
冈比亚	0.98	1.01	0.96	0.99	0.89	0.92	0.15	-0.28	0.16	-0.53	0.17
加纳	1.05	0.94	1.03	1.00	1.04	1.06	-0.55	0.49	-0.17	0.19	0.12
几内亚	1.04	0.98	1.01	1.08	1.11	1.02	-0.30	0.19	0.33	0.13	-0.41
肯尼亚	1.01	1.02	0.96	1.03	1.01	1.02	0.06	-0.32	0.38	-0.07	0.03
莱索托	0.91	0.86	0.72	1.11	1.15	0.91	-0.31	-0.94	2.29	0.20	-1.24
马达加斯加	1.00	0.94	1.01	1.03	1.07	1.01	-0.34	0.41	0.11	0.18	-0.30
马拉维	1.08	0.86	1.08	0.89	1.22	1.07	-1.18	1.22	-1.02	1.66	-0.68
马里	0.92	0.92	1.14	1.13	1.00	1.07	-0.01	1.14	-0.04	-0.66	0.38
毛里塔尼亚	1.02	0.96	0.96	0.99	1.07	1.03	-0.33	0.00	0.17	0.38	-0.20
毛里求斯	1.01	0.95	0.99	1.02	1.06	1.05	-0.32	0.21	0.18	0.18	-0.05
莫桑比克	1.04	0.98	0.95	1.05	1.08	1.05	-0.35	-0.17	0.58	0.14	-0.17
纳米比亚	1.02	0.95	1.05	0.90	1.06	1.07	-0.36	0.52	-0.82	0.88	0.04
尼日尔	0.89	0.98	0.98	1.29	1.06	1.07	0.49	0.00	1.48	-1.05	0.07
尼日利亚	1.07	0.95	1.00	1.03	1.12	1.06	-0.60	0.26	0.15	0.45	-0.30
塞内加尔	0.81	0.92	0.94	1.01	0.96	1.10	0.65	0.14	0.37	-0.28	0.75
南非	1.10	1.02	1.04	0.95	1.03	1.20	-0.42	0.13	-0.47	0.39	0.83
多哥	0.96	0.95	0.97	0.96	1.06	1.04	-0.06	0.15	-0.08	0.54	-0.11
乌干达	1.02	1.01	1.01	1.04	1.10	1.05	-0.04	0.00	0.27	0.18	-0.24
坦桑尼亚	0.98	0.87	1.08	1.04	1.02	1.04	-0.60	1.11	-0.19	-0.11	0.12
赞比亚	1.05	0.95	1.05	0.97	1.06	1.10	-0.49	0.50	-0.40	0.47	0.22
津巴布韦	1.03	0.99	1.00	1.09	1.15	1.05	-0.20	0.04	0.45	0.29	-0.45

数据来源：作者计算。

(3) 非洲各区域农业 TFP 测算结果分析

将非洲各国分为不同区域，进一步深入探讨各国和各地区的农业 TFP 变化情况。由于农业生产活动极易受到气候的影响，首先将非洲各国分为三大气候区，以了解不同气候条件下地区的农业 TFP 水平差异。Lee et al.（2005）根据作物生长期将不同地区分为湿润区、半湿润区、半干旱区和干旱气候区，根据 Lee et al.

(2005) 的标准，将样本国家分为湿润区、半湿润半干旱区和干旱区。各类区域包含的国家如表 4-5 所示。

表 4-5　非洲不同气候国家分组

气候区	国家
湿润区	安哥拉、布隆迪、刚果、科特迪瓦、埃塞俄比亚、加蓬、加纳、利比里亚、毛里求斯、乌干达
半湿润半干旱区	贝宁、布基纳法索、喀麦隆、中非、乍得、冈比亚、几内亚、几内亚比绍、肯尼亚、马达加斯加、马拉维、马里、毛里塔尼亚、莫桑比克、尼日尔、尼日利亚、塞内加尔、塞拉利昂、坦桑尼亚、多哥、赞比亚
干旱区	博茨瓦纳、纳米比亚、南非、津巴布韦

世界银行根据国民收入水平将各国分为高收入国家、中高收入国家、中低收入国家和低收入国家。其中高收入国家的国民收入高于 12376 美元，中高收入国家的国民收入在 3996~12375 美元，中低收入国家的国民收入在 1026~3995 美元，而低收入国家的国民收入低于 1025 美元[①]。由于所研究的样本中没有国民收入高于 12376 美元的国家，因此将样本国家分为中高收入地区、中低收入地区和低收入地区 3 个区域。各类区域包含的国家如表 4-6 所示。

表 4-6　非洲不同收入水平的国家分组

收入水平	国家
中高收入	博茨瓦纳、毛里求斯、纳米比亚、南非
中低收入	安哥拉、喀麦隆、佛得角、刚果、科特迪瓦、加纳、肯尼亚、莱索托、毛里塔尼亚、尼日利亚、赞比亚
低收入	贝宁、布隆迪、中非、埃塞俄比亚、冈比亚、几内亚、马达加斯加、马拉维、马里、莫桑比克、尼日尔、塞内加尔、坦桑尼亚、多哥、乌干达、津巴布韦

除以上 2 种分类以外，还依据最新的联合国经济和社会事务部统计司的联合国地理方案，将非洲分为 4 个部分，即东部非洲、西部非洲、中部非洲和南部非洲。

---

① 资料来源：https：//datahelpdesk.worldbank.org/knowledgebase/articles/906519-world-bank-country-and-lending-groups。

表 4-7 为非洲各国按照收入、气候和地理分布分类的各区域 1971—2017 年整体年度增长率,以及各阶段的农业 TFP 年均变化率情况。根据气候分类来看,干旱区域农业 TFP 在 1971—1980 年、1981—1990 年和 1991—2000 年 3 个阶段都低于其余区域,这可能是因为干旱地区不具备理想的气候条件,本身降水量少,而又缺乏农业生产必要的灌溉条件,多数地区靠天吃饭,农业科技投入较低,因此阻碍了农业 TFP 的增长。但进入 2000 年之后有所上涨,且涨幅超过其他区域。此外,湿润区域农业 TFP 除了在 1971—1980 年以外均呈正向变化。根据收入分类来看,中高收入区域农业 TFP 除了在 1971—1980 年下降以外,在其他阶段的年均增长率都为正。进入 2000 年之后,3 个区域的农业 TFP 均呈上涨。根据地理分类来看,西部非洲在进入 21 世纪后年均增长出现明显的增加,增长率在 2011—2017 年达到最大。

表 4-7 非洲各区域农业 TFP 年均变化率 （单位:%）

项目	年份				
	1971—1980	1981—1990	1991—2000	2001—2010	2011—2017
按气候分类					
湿润区	-0.68	0.67	1.24	0.28	0.57
半湿润半干旱区	-0.30	0.17	-0.26	-0.26	0.56
干旱区	-0.99	0.03	-0.71	0.55	1.13
按收入分类					
中高收入	-1.06	0.06	0.33	0.62	1.08
中低收入	-0.28	2.76	-0.48	1.33	0.67
低收入	-0.52	-0.05	1.21	0.39	0.44
按地理分类					
东部非洲	-0.23	0.04	-0.54	0.11	0.31
西部非洲	0.34	-1.12	0.62	1.59	2.03
中部非洲	0.61	-0.25	0.19	0.14	-0.47
南部非洲	-1.03	-0.31	-0.02	-0.21	0.56

4.5　本章小结

本章首先梳理了相关文献,在此基础上运用 DEA-Malmquist 指数测算了非洲农业 TFP，得到如下结论：第一，1971—2017 年 30 个非洲国家的农业 TFP 呈明显的波动性，但总体呈上涨趋势；第二，分国家来看，21 个国家的农业 TFP 指数都比基期年份有所提高，9 个国家的农业 TFP 出现了下降和倒退；第三，分区域来看，干旱区域农业 TFP 低于其他地区；中高收入区域农业 TFP 增长较快；西部非洲在进入 21 世纪后年均增长出现明显的增加。

5

中国对非洲农产品出口的农业技术溢出效应分析

本章将检验中国对非洲农产品出口的农业技术溢出效应,从农产品出口的结构出发,将中国对非洲农产品出口分为3类,即最终消费品、农业中间品和农业资本品出口,分别检验不同类型农产品出口的技术溢出效应。

5.1 引　　言

随着2000年中非合作论坛的成立,以及南南合作的深入和进程推进,中国对非洲的农产品贸易规模和产品范围均呈增长扩大的趋势。2005年起中国对部分非洲国家农产品贸易实行了零关税政策,至2010年7月,受惠商品已扩大到4762个税目;近年中国推行的"一带一路"倡议也将为中非农产品贸易的发展提供新的契机,中非农产品贸易将日益广泛深入。非洲在中国对外农产品贸易中的地位不断上升,中国对非洲农产品出口总额由2000年的3.2亿美元增长至2017年的26亿美元[①],增长了8倍,年均增长13.1%。从中国对非洲农产品出口结构来看,除最终消费品以外,农业中间品和农业资本品的出口也呈上升趋势,2017年中国对非洲的农业中间品和农业资本品的出口占比分别从2000年的不到10%增长至21%和26%。

关于中非农产品贸易的研究主要集中在结构和影响因素方面(孙东升 等,2007;刘林青 等,2010;张海森 等,2011;高金田 等,2012;杨军 等,2012;杨文倩 等,2013;李昊 等,2016;李先德,2018;杨军,2019),而对中国农产品出口对非洲农业技术溢出效果的研究则有所欠缺,此外还未见有研究将中国非洲出口的农产品做进一步的细分研究。中国和非洲农业在资源和技术上具有强互补性(栾一博 等,2019),农产品贸易是中非农业合作的重要渠道。中国对非洲农业中间品和农业资本品出口日益增多,地位日渐重要,而农业中间品如化肥、农药和农业资本品如农业机械等,含有大量R&D存量,因此这些产品的出口将有可能对非洲产生较为显著的农业技术溢出效应,提高非洲农业生产率。在2018年"中非合作论坛"北京峰会上,中国政府提出将帮助非洲国家进行农业升级,提高农业生产技术,提高农业产量和农产品附加值,促进双边农产品贸易。因此,有必要分类考察中国对非洲不同农产品出口的农业技术溢出效应。本章将首先梳理国际技术溢出的经典实证模型,在此基础上建立本章的基本实证模型,检验中国对非洲农产品出口

---

① 数据来源:UNCOMTRADE数据库。

的农业技术溢出效应,并进一步将中国出口非洲的农业产品划分为最终消费品、农业中间品和农业资本品三大类,分别研究中国各类农产品对非洲的农业技术溢出效应,从实践上考察中国对非洲农产品出口的农业技术溢出机理。

5.2 基本计量模型构建

5.2.1 国际技术溢出的实证经验模型梳理

(1) CH 模型

Cole et al. (1995) 认为,一国的技术水平不仅取决于国内的技术知识存量,还取决于国外的技术知识存量。Cole et al. (1995) 研究了 1971—1990 年 22 个国家的情况,以内生增长模型为基础,加入知识驱动因素,构建了贸易溢出模型(CH),其中以国内 R&D 资本存量表示国内技术知识存量,国外的技术知识存量以贸易和投资的方式引入。模型的一般形式为:

$$\ln TFP_{it} = \alpha_{it} + \alpha_{it}^d \ln S_{it}^d + \alpha_{it}^f m_{it} \ln S_{it}^f + \varepsilon_{it} \quad (5-1)$$

其中,TFP_{it} 为全要素生产率;α^d、α^f 分别为国内和国外 R&D 资本存量的产出弹性;S^d、S^f 分别为国内和国外 R&D 资本存量。定义贸易伙伴国的 R&D 资本存量为 $S_i^f = \sum_j \frac{M_{ij}}{M_i} S_j^d$,其中 S_j^d 为 j 国的 R&D 资本存量;M_{ij} 为 i 国从 j 国进口量,M_i 为 i 国的总进口量,因此 S_i^f 为以贸易进口份额为权重的国外 R&D 资本存量的加权平均值。m_i 为进口渗透率,$m_i = \frac{M_i}{GDP_i}$,表示一国进口水平对外国技术溢出的影响。因此,当一个国家的对外经济活动在整个经济活动中的份额越高,该国获得的贸易伙伴国的技术溢出就越多,从而贸易伙伴国将更有效地通过本国研发活动而促进该国技术提高。

(2) LP 模型

相关人员在 CH 模型的基础上进行了改进,形成 LP 模型。改进主要有以下两个方面。

首先,CH 模型中,以 $m_i \sum_j \frac{M_{ij}}{M_i} S_j^d$ 表示国外 R&D 资本存量对本国的溢出存在

问题，这是因为若将贸易伙伴国的数据合并再计算，则会产生较大的偏差，与分别计算的结果有很大差距。对此 LP 模型采用贸易伙伴国的 R&D 强度代替出口份额，即 $\dfrac{S_{jt}^d}{GDP_{jt}}$，将 R&D 强度与溢出接受国的进口量相乘，作为溢出接受国接受的外国 R&D 资本溢出量。LP 模型的形式如下：

$$\ln TFP_{it} = \alpha_{it} + \alpha_{it}^d \ln S_{it}^d + \alpha_{it}^f \ln \left(\sum_j M_{it} \dfrac{S_{jt}^d}{GDP_{jt}} \right) + \varepsilon_{it} \tag{5-2}$$

其次，除了进口溢出以外，LP 模型还分别考察了通过内向和外向 FDI 产生技术溢出的问题，如式（5-3）所示：

$$\ln TFP_{it} = \alpha_{it} + \alpha_{it}^d \ln S_{it}^d + \alpha_{it}^f \ln \left(\sum_j M_{it} \dfrac{S_{jt}^d}{GDP_{jt}} \right) +$$

$$\alpha^{ff} \ln \left(\sum_j S_{jt}^d \dfrac{f_{ijt}}{K_{jt}} \right) + \alpha^{ft} \ln \left(\sum_j S_{jt}^d \dfrac{t_{ijt}}{K_{jt}} \right) \alpha^{ft} \ln \left(\sum_j S_{jt}^d \dfrac{t_{ijt}}{K_{jt}} \right) + \varepsilon_{it} \tag{5-3}$$

其中，f_{ij} 为 j 国向 i 国的 FDI 流入（内向 FDI）；t_{ij} 为 i 国流向 j 国的 FDI（外向 FDI），K_j 为 j 国的资本总量。

5.2.2 基本实证模型构建

本书将通过实证方法分析中国对非洲农产品出口和直接投资的农业技术溢出效应，根据研究目的及上文对 CH 模型和 LP 模型的分析总结，认为 LP 模型更能实现本书的研究目标，但本书与 LP 又有所不同，即没有考虑非洲外向 FDI 变量，对此构建以下基本的实证模型形式：

$$\ln TFP_{it} = \alpha_{it} + \alpha_{it}^d \ln S_{it}^d + \alpha_{it}^f \ln S_{it}^f + \alpha_{it}^{ff} \ln S_{it}^{ff} + \varepsilon_{it} \tag{5-4}$$

$$S_{it}^f = \sum_j M_{ijt} \times \dfrac{S_{jt}^d}{AGDP_{jt}}, S_{it}^{ff} = \sum_j FDI_{ijt} \dfrac{TS_{jt}^d}{K_{jt}} \tag{5-5}$$

式（5-4）为以非洲视角来看的拓展的 LP 模型，其中，TFP_{it} 为非洲农业全要素生产率；S_{it}^d 为非洲国内农业 R&D 资本存量；S_{it}^f 为非洲进口农产品的农业 R&D 资本存量；$\ln S_{it}^{ff}$ 为非洲引进外商直接投资的 R&D 资本存量；α_i 为截距项；α_i^d、α_i^f、α_i^{ff}、α'_{it} 分别为非洲国内 R&D 资本存量的技术进步弹性、世界对非洲农产品出口的农业技术溢出弹性、世界对非洲直接投资农业技术溢出的弹性。

式（5-5）将世界对非洲农产品出口和直接投资转换为 R&D 投入量。S_j^d、TS_j^d 分别为世界各国农业 R&D 资本存量和总 R&D 资本存量；M_{ij} 为非洲的农业进口总量；$AGDP_j$ 为世界各国农业生产总值；FDI_{ij} 为非洲引进的外商直接投资；K_j 为世界各国的国内总固定资本；ε_{it} 为残差；i 为技术溢出接受国即非洲；j 为技术溢出国；t 为时间。式（5-5）将非洲进口的农产品和直接投资转换为 R&D 投入存量，可以避免与上一章测算 TFP 的要素实物投入量相关的问题，避免内生性。

本章的实证分析将建立在式（5-4）、式（5-5）的基础上，并根据研究目标，将 S_{it}^f 和 S_{it}^{ff} 进行拓展，分为中国和世界其他国家两部分，着重分析中国对非洲农产品出口的农业技术溢出效应。

5.3 中国对非洲农产品出口总量的农业技术溢出效应实证分析

5.3.1 模型设定

根据本章的研究目的，对基本实证模型（5-4）、模型（5-5）进行拓展。除了核心解释变量即中国对非洲农产品出口 R&D 存量以外，还需考虑到非洲国家自身的农业技术研发水平也会对本国农业 TFP 产生影响。除了中国以外，世界其他国家对非洲的农产品出口和直接投资、非洲国内投资以及政治风险因素都会对非洲的农业技术水平有所影响，因此这些变量都将作为控制变量纳入模型框架中。建立模型如下：

$$\ln TFP_{it} = \alpha_0 + \alpha_1 \ln S_{it}^{CHN} + \alpha_2 \ln S_{it}^{FCHN} + \alpha_3 \ln S_{it}^{D} + \alpha_4 \ln S_{it}^{ROW} + \alpha_5 \ln S_{it}^{FROW} + \alpha_6 \ln CAP_{it} + \alpha_7 \ln GOV_{it} + \gamma_t + \theta_i + \varepsilon_{it} \quad (5-6)$$

式中：TFP_{it} 为 i 国在 t 时期的农业 TFP；S_{it}^{CHN} 为中国对非洲农产品出口 R&D 存量；其他变量为控制变量，包括中国对非洲直接投资 R&D 存量 $\ln S_{it}^{FCHN}$、非洲国内农业 R&D 存量 S_{it}^{D}、其他国家对非洲农产品出口 R&D 存量 S_{it}^{ROW}、其他国家对非洲直接投资所含 R&D 存量 S_{it}^{FROW}、非洲国内投资 CAP_{it} 以及政治风险 GOV_{it}；γ_t 和 θ_i 分别为时间和个体固定效应；$\alpha_1 \sim \alpha_7$ 为待估参数。

5.3.2 变量与数据说明

(1) 被解释变量：非洲国家农业 TFP

非洲国家农业 TFP 为第四章 DEA-Malmquist 指数法测算的结果。

(2) 核心解释变量：中国对非洲农产品出口 R&D 存量 S_{it}^{CHN}

根据上一小节的论述，进口和 FDI 所含的 R&D 存量有 CH 法和 LP 法。其中方希桦等（2004）、赖明勇等（2005）等使用了 CH 方法，黄先海等（2005）、喻美辞等（2016）、刘舜佳等（2015）和高奇正等（2018）等应用了 LP 法。由于 LP 法修正了 CH 法存在的"总量偏差"缺陷，因此本书将采用 LP 法，对中国对非洲农产品出口的农业 R&D 存量进行计算，即

$$S_{it}^{CHN} = \sum_{j} M_{ijt} \times \frac{S_{jt}^{DCHN}}{AGDP_{jt}} \quad (5-7)$$

式中：M_{ijt} 为 t 时期非洲从中国进口的农产品份额；S_{jt}^{DCHN} 为中国农业 R&D 投入；$AGDP$ 为中国农业增加值；$\frac{S_{jt}^{DCHN}}{AGDP_{jt}}$ 可看作中国农业产出的研发强度。

中国农业 R&D 投入来自历年《中国科技统计年鉴》，对非洲的农产品出口额来自联合国 UN COMTRADE 数据库。由于 R&D 投入为流量数据，而研发资本存量则没有相关统计。为了将 R&D 投入流量转化为资本存量数据，选择永续盘存法，首先运用 Griliches（1979）的方法计算 2000 年中国 R&D 资本存量，公式如下：

$$S_{2003}^{CHN} = R_{2003}^{CHN}/(g+\delta) \quad (5-8)$$

式中：S_{2003}^{CHN} 为 2003 年中国的 R&D 资本存量；R_{2003}^{f} 为 2003 年中国的 R&D 资本流量；g 为 2000—2017 年每年研发支出的平均增长率；δ 为研发资本的折旧率。Dubey et al.（2016）认为不同经济发展程度的国家具有不同的农业资本折旧率，将发达国家的资本折旧率设为 8%，发展中国家的设为 4%。因此将中国的资本折旧率设置为 4%，其余年份的研发存量根据永续盘存法计算，如式（5-9）所示：

$$S_{it}^{CHN} = S_{i(t-1)}^{CHN} + R_{it}^{CHN} - \delta_i S_{i(t-1)}^{CHN} \quad (5-9)$$

(3) 控制变量

- 中国对非洲直接投资 R&D 存量 S_{it}^{FCHN}

对于直接投资所含的 R&D 存量，其计算方式与农产品出口的 R&D 存量相同，都是采用 LP 法进行计算，如式（5-10）所示：

$$S_{it}^{FCHN} = \sum_{j} FDI_{ijt} \times \frac{TS_{jt}^{d}}{K_{jt}} \quad (5-10)$$

式中：TS_{jt}^{d} 为中国总 R&D 资本存量；K_{jt} 为中国国内总固定资本，之后根据永续盘存法，将流量数据转化为存量数据，其中资本折旧率设置为 4%。

中国对非洲直接投资来自历年商务部《中国对外直接投资统计公报》，中国总R&D投入来自历年《中国科技统计年鉴》，对非洲直接投资来自历年商务部《中国对外直接投资统计公报》，中国国内总固定资本来自历年《中国统计年鉴》。

- 非洲国内农业研发投入存量 S_{it}^{D}

非洲国内农业研发投入量数据来自国际食物政策研究所（IFPRI）的ASTI数据库，指标为国家农业研发支出。根据上述永续盘存法计算国内研发投入存量，其中资本折旧率设置为4%。

- 世界其他国家对非洲的农产品出口和直接投资R&D存量 S_{it}^{ROW}、S_{it}^{FROW}

世界其他国家对非洲的农产品出口和直接投资R&D存量同样分别根据式（5-7）、式（5-10）进行换算。世界其他国家对非洲农产品出口数据来自联合国UN COMTRADE数据库，根据Dubey et al.（2016）的方法，将发达国家的资本折旧率设置为8%，发展中国家的资本折旧率设置为4%。值得注意的是，WDI数据库仅统计了非洲国家接受外商直接投资的总量，而没有国与国之间的双边投资数据，由于转化为R&D存量时，用到了各国的研发强度指标，因此造成无法统一计算的问题。由于OECD集团国家①的R&D支出额占全球大部分份额，因此以OECD集团国家对非洲的直接投资代表世界其他国家对非洲的投资。这样的处理方式会忽略掉除中国和OECD集团国家以外其他区对非洲的直接投资，但这部分投资与中国对非洲农产品出口在理论上没有相关关系，因此不会造成遗漏变量偏差。OECD国家对非洲直接投资和R&D投入数据来自OECD的GERD数据库。根据Dubey et al.（2016）的方法，将OECD国家的资本折旧率设置为8%。农业产值和国内总固定资本来自世界银行WDI数据库。

- 非洲国内投资 CAP_{it}

由非洲各国的固定资本形成总额表示，数据来自WDI数据库。

- 非洲政治风险 GOV_{it}

度量非洲各国的政治风险程度，数据来自ICRG（International Country Risk Guide）网站的政治风险评级数据。

根据数据可获得性，对农产品出口数据缺失严重的非洲国家予以剔除。由于国

---

① OECD国家包括美国、英国、法国、德国、意大利、加拿大、爱尔兰、荷兰、比利时、卢森堡、奥地利、瑞士、挪威、冰岛、丹麦、瑞典、西班牙、葡萄牙、希腊、土耳其、日本、芬兰、澳大利亚、新西兰、墨西哥、捷克、匈牙利、波兰、韩国、斯洛伐克、智利、斯洛文尼亚、爱沙尼亚、以色列、拉脱维亚、立陶宛，共36个国家。

家已经是剔除过缺失数据的样本，因此将表中 30 个国家作为本章的分析样本，经笔者计算，其 GDP 和人口分别占非洲总体的 85.8%和 80.1%，进口中国农产品和吸引中国直接投资分别占非洲地区总体的 92%和 91.3%，样本具有较好的代表性。由于中国对外直接投资数据的统计起点为 2003 年，受限于数据情况，本书选择 2003—2017 年的数据进行实证分析。表 5-1 为书中所使用变量的含义及取对数后的描述性统计分析。

表 5-1 变量含义及描述性统计分析

项目	变量含义	均值	标准差	最小值	最大值
$\ln TFP$	农业全要素生产率	0.0208	0.1926	−0.2107	0.2776
$\ln S^{CHN}$	中国对非洲农产品出口 R&D 存量	6.8836	1.4527	2.1852	10.2287
$\ln S^{FCHN}$	中国对非洲直接投资 R&D 存量	7.6076	1.7901	3.6094	12.1892
$\ln S^{D}$	非洲国内农业 R&D 存量	14.2824	4.1506	1.3481	22.9146
$\ln S^{ROW}$	世界其他国家对非洲农产品出口 R&D 存量	8.9613	2.0059	4.0794	13.8207
$\ln S^{FROW}$	世界其他国家对非洲直接投资 R&D 存量	14.6629	1.8150	7.4170	19.2353
$\ln CAP$	非洲国内投资	14.5971	1.5134	10.6319	18.3155
$\ln GOV$	非洲政治风险	2.2343	0.0764	2.0180	2.4174

5.3.3 实证结果分析

对模型（5-6）采用固定效应回归，并依次控制住个体固定效应与时间固定效应，然后采用 LR 检验，结果拒绝了不存在时间固定效应的原假设。因此本书选取固定效应估计作为基准回归，即表 5-2 中第（1）列的结果，以双向固定效应估计作为参考和稳健性检验，即第（2）列。

根据表 5-2 第（1）列的结果，中国对非洲出口的农业技术溢出效应通过了显著性检验。说明中国对非洲的农产品出口一定程度上优化了非洲农业资源的配置，同时也向非洲引入了一定的农业生产技术，推动了非洲农业技术的进步。

5 中国对非洲农产品出口的农业技术溢出效应分析

表 5-2 中国对非农产品出口的农业技术溢出效应回归结果

项目	选取固定效应估计作为基准回归（1）	以双向固定效应估计作为参考和稳健性检验（2）
$\ln S^{CHN}$	0.0356***	0.0327***
	(0.0109)	(0.0107)
$\ln S^{FCHN}$	0.0462***	0.0418***
	(0.0154)	(0.0065)
$\ln S^{D}$	0.1580***	0.1655***
	(0.0428)	(0.0389)
$\ln S^{ROW}$	0.0822***	0.0914***
	(0.0179)	(0.0285)
$\ln S^{FROW}$	0.0737***	0.0795***
	(0.0149)	(0.0187)
$\ln CAP$	0.0698***	0.0726***
	(0.0249)	(0.0136)
$\ln GOV$	−0.0082**	−0.0057
	(0.0038)	(0.0064)
cons	2.3952***	3.7723***
	(0.0819)	(1.2564)
个体固定效应	已控制	已控制
时间固定效应	—	已控制

注：**和***分别代表5%和1%的显著性水平。

从控制变量来看，中国对非洲直接投资产生了显著的技术溢出效应，对非洲农业TFP具有显著的正向影响。这可能是因为中国对非洲的投资一定程度上改善了非洲的基础设施情况和营商环境，促进了技术扩散，同时扩大了非洲对先进技术的需求，促使更多技术的引入。从其他控制变量来看，非洲农业R&D存量对农业全要素生产率呈显著的正向关系，这说明非洲各国的农业TFP增长显著受到国内农业研发投入的影响。内生增长理论强调创新活动对一国技术进步的作用，指出研发活动能够促进创新，保持生产力的长期增长，因此回归结果符合内生增长理论。2000—2017年非洲国家农业研发投入增长了34.7%，是本地区的农业技术进步的源泉之一，对农业经济增长至关重要。世界其他国家对非洲的农产品出口和直接投资也产生了明显的技术溢出作用。根据回归结果可以看出，中国对非洲农产品出口技术溢出效应不及世界其他国家，这一方面是因为中国农业科研投入整体低于世界其他国家投入总量；另一方面是因为中国对非洲农产品出口总额低于世界其他国家对非洲农产品出口。由此可知，中国对非洲农产品贸易的技术溢出水平较低。

非洲国家农业 R&D 存量对农业 TFP 的增长作用高于从我国进口和吸收 R&D 的技术溢出作用，这可能是由于在非洲，进口农产品与国内农业市场产生竞争，一定程度上阻碍了技术创新（Aghion et al.，2005），且进口农产品所含技术需要相符的吸收能力，当人力资本无法达到相应的吸收水平时，技术溢出效果便会被削弱（符宁，2007）。此外，国内农业研发通常针对本国农业的具体情况，更符合本国农业技术水平和资源禀赋条件，适合本国的技术吸收能力。这与 Cole et al.（1995）和 Keller（2002）的研究结果相似。

在其他控制变量中，非洲国内资本投资对 TFP 增长具有显著的正向作用，而政治风险对农业 TFP 的增长则有显著的阻碍作用，不利于农业技术进步。

表 5-2 中（2）列为双向固定效应结果，作为基准回归的参考和稳健性检验，可以看出估计结果具有稳健性。

5.4　中国对非洲不同农产品出口的农业技术溢出分析

根据上一小节的结果可以发现，中国对非洲农产品出口具有显著的技术溢出效应，这一溢出是如何发生的，需要进一步的机理分析。除了最终消费品以外，中国对非洲农业中间品和农业资本品出口日益增多，地位日渐重要，如图 5-1 所示，中

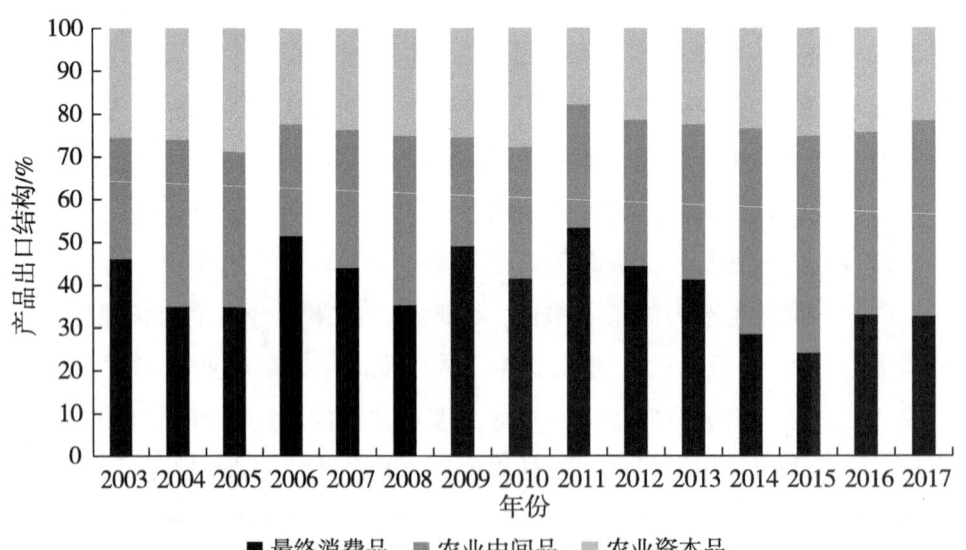

图 5-1　中国对非洲农产品出口结构

国对非洲最终消费品出口总出口份额呈下降趋势,而农业中间品出口占比则出现上升。因此,有必要从农产品出口结构的角度出发,考察中国对非洲不同农产品出口的技术溢出作用,以明确中国对非洲农产品出口技术溢出的机理。

5.4.1 模型设定与数据说明

本节对中国不同种类农产品出口的技术溢出进行检验,将式(5-6)中的 S_{it}^{CHN} 分解为3项:

$$S_{it}^{CHN} = S_{it}^{CHN-A} + S_{it}^{CHN-M} + S_{it}^{CHN-C} \qquad (5-11)$$

式中:S_{it}^{CHN-A}、S_{it}^{CHN-M}、S_{it}^{CHN-C} 分别为中国对非洲最终消费品出口、农业中间品出口和农业资本品出口。出口的分类方法如表 2.1 所示。在此基础上将式(5-6)扩展为以下形式:

$$\ln TFP_{it} = \alpha_0 + \alpha_1 \ln S_{it}^{CHN-A} + \alpha_2 \ln S_{it}^{CHN-M} + \alpha_3 \ln S_{it}^{CHN-C} + \alpha_4 \ln S_{it}^{FCHN} + \alpha_5 \ln S_{it}^{D} +$$
$$\alpha_6 \ln S_{it}^{ROW} + \alpha_7 \ln S_{it}^{FROW} + \alpha_8 \ln CAP_{it} + \alpha_9 \ln GOV_{it} + \gamma_t + \theta_i + \varepsilon_{it} \qquad (5-12)$$

模型(5-12)中其他变量与式(5-6)相同,$\alpha_1 \sim \alpha_9$ 为待估参数。

5.4.2 实证结果分析

与上一小节相同,对模型(5-12)采用固定效应回归,即表 5-3 中的(1)列,以双向固定效应估计作为参考和稳健性检验,即表 5-3 中(2)列。

表 5-3 中国对非洲不同类别农产品出口的农业技术溢出效应

项目	采用固定效应回归(1)	以双向固定效应估计作为参考和稳健性检验(2)
$\ln S^{CHN-A}$	0.0107	0.0087
	(0.0231)	(0.0133)
$\ln S^{CHN-M}$	0.0453***	0.0399***
	(0.0152)	(0.0080)
$\ln S^{CHN-C}$	0.0564**	0.0511***
	(0.0259)	(0.0138)
$\ln S^{FCHN}$	0.0557***	0.0521***

(续表)

项目	采用固定效应回归（1）	以双向固定效应估计作为参考和稳健性检验（2）
	(0.0093)	(0.0080)
$\ln S^D$	0.0997***	0.0688***
	(0.0244)	(0.0146)
$\ln S^{ROW}$	0.0504**	0.0582***
	(0.0217)	(0.0151)
$\ln S^{FROW}$	0.0623***	0.0665***
	(0.0178)	(0.0133)
$\ln CAP$	0.0722***	0.0804***
	(0.0137)	(0.0220)
$\ln GOV$	-0.0152***	-0.0084**
	(0.0037)	(0.0042)
cons	2.5151***	3.4364***
	(0.3994)	(0.2937)
个体固定效应	已控制	已控制
时间固定效应	—	已控制

注：** 和 *** 分别代表 5% 和 1% 的显著性水平。

根据表 5-3 的基准回归结果，从（1）列可以看出，中国对非洲最终消费品出口没有发生显著的技术溢出效果，而农业中间品出口则对非洲农业 TFP 增长产生了明显的促进作用。Bayoumi et al.（1999）、Blalock et al.（2007）都指出农业中间品进口是全要素增长的必要条件，农业中间品是物化的研发资本（Grossman et al.，1991）。农业中间品出口显著的技术溢出效果验证了以上观点。非洲农业中间品进口主要有作物种子、化肥和农药，其中，从中国进口的农药占其进口总量 40% 左右的份额，因此中国是非洲重要的农药来源国。农药产业是农业发展重要支柱产业，农药投入带来的农业产出增长高达 4~6 倍。中国农药产业形成了完善的体系，包括科研开发、原药生产和制剂加工等各项完备流程，是世界第一大农药生产国和出口大国。中国的杀虫剂和除草剂具有较强的竞争优势，其较低的出口价格也使其在发展中国家市场上占据一席之地（汪耀兵，2012）。非洲国家主要使用的草甘膦、丁草胺等农药产品，都是我国企业具有较强竞争优势的产品。除农药以外，非洲有10%左右的化肥进口自中国。化肥是农业生产中必不可少的生产资料，而中国面临人多地少的国情，为提高作物单产，在化肥生产技术上进行了较多的研发投入，转化土壤养分、培育土壤肥力，通过引入国外肥料生产企业和学习其先进生产技术，中国掌握较为先进的化肥生产技术和行业管理能力，形成氮肥、钾肥、磷肥、复合肥等品种丰富、用途多样的产业格局。进入21世纪以来，中国化肥产量迅速增加，贡献了全球每年化肥新增产量的60%[①]，中国农产品单产提高中，化肥的贡献率为51.5%，而化肥使用中，氮肥的施用最多，中国是世界第一氮肥生产国和消费国，世界约30%的氮肥施用在中国8%的耕地上。相比之下，目前许多非洲国家每公顷仅施用5~10千克，无机肥施用量过低，将造成土壤退化，耕地压力增大。在非洲地区，氮素是谷物生产中最缺乏的土壤养分，氮素胁迫是其主粮如玉米减产的最主要因素之一。因此，化肥的进口对提高非洲农业生产率的作用不言而喻。

从农业资本品的出口来看，农业资本品主要包括农业机械和器具等，具有比农业中间品更为明显的技术溢出作用，一方面农业资本品同样蕴含着大量的研发投入，另一方面是因为农业资本品投入使用可能会促进资本深化，进而推动农业TFP的增长。此外，农业资本品投入生产需建立在一定的知识水平上，客观上有利于农业知识的传播。中国对非洲出口的农业资本品中，农业机械出口几乎占据全部份额，2000—2017年农业机械出口占比为97.7%。中国对非洲农业机械出口占世界对非洲农业机械出口总额的比例呈上升趋势，从2000年的7%增长至2017年的27.7%。非洲许多国家和地区农业经济模式单一，机械化水平低下，多数国家不具备农业机械自动化生产的能力，大多使用畜力或人力，农业生产所需农机具、拖拉机需要依靠进口。在过去，非洲国家使用的农业机械产品主要从欧洲、美国等发达国家进口，这些进口的农机产品虽然具有先进的技术性能，但售价昂贵，且维修管理复杂，不适合自身的农业经济生产力，且由于人力资本的制约，使很多农机产品没有被真正投入使用。多数非洲国家认为，中国农业发展经验值得学习借鉴，且中国的农业机械更为适合本地区的农业发展水平。小型农业机械正是中国对非洲农业机械出口的主力军，因此非洲国家通过引进中国农业机械，扩大农产品收获率，学习相应技术，发展本地区农业机械水平，是提高本地区农业生产率的重要路径。这

---

① 数据来自IFA数据库。

一结论也验证了 Gong（2020a）的研究结果，即欠发达国家要促进农业增长，首先应增加农业投入，改良化肥和改进机械，优化投入组合，然后通过鼓励研发投资和国际贸易来加速 TFP 增长。

表 5-3 中（2）列为双向固定效应结果，作为基准回归的参考和稳健性检验，可以看出估计结果具有稳健性。

5.5 中国对非洲不同气候区域农产品出口的农业技术溢出效应分析

农业生产活动易受到气候的影响，中国对非洲出口的各类农产品，在不同的气候区域可能产生不同的农业技术溢出效果。因此本小节将非洲各国按照气候条件划分区域，探讨在不同的气候条件下，农业技术溢出的差异。根据 Lee et al.（2005）的研究，将总样本划分为 3 个分样本，分别为湿润区、半湿润半干旱区和干旱区，如表 5-4 所示。

表 5-4　中国农产品出口对不同气候区域非洲国家的农业技术溢出效应

项目	湿润区	半湿润半干旱区	干旱区
$\ln S^{CHN-A}$	0.0161	0.0089	0.0055
	(0.0062)	(0.0066)	(0.0080)
$\ln S^{CHN-M}$	0.0503**	0.0465***	0.0239**
	(0.0135)	(0.0117)	(0.0113)
$\ln S^{CHN-C}$	0.0427**	0.0511***	0.0580***
	(0.0108)	(0.0126)	(0.0094)
$\ln S^{FCHN}$	0.0584**	0.0488***	0.0672**
	(0.0283)	(0.0066)	(0.0338)
$\ln S^{D}$	0.1101**	0.1024***	0.0963***
	(0.0514)	(0.0029)	(0.0267)
$\ln S^{ROW}$	0.0696**	0.0803***	0.0700***
	(0.0316)	(0.0200)	(0.0164)
$\ln S^{FROW}$	0.0742*	0.0768***	0.0652**
	(0.0393)	(0.0233)	(0.0313)

(续表)

项目	湿润区	半湿润半干旱区	干旱区
ln*CAP*	0.0644***	0.0495*	0.0608***
	(0.0165)	(0.0277)	(0.0083)
ln*GOV*	-0.0018	-0.0112**	-0.0041
	(0.0023)	(0.0058)	(0.0028)
cons	2.7915***	1.3028***	1.5785***
	(0.6085)	(0.4833)	(0.4256)
个体固定效应	已控制	已控制	已控制

注：*、**和***分别代表10%、5%和1%的显著性水平。

表5-4为中国对非洲不同气候区域国家农产品出口的技术溢出效应结果。可以看出，最终消费品出口在各区域都不存在技术溢出效应，而农业中间品和农业资本品的出口技术溢出效果依然稳健，只是在不同气候区域的溢出效应大小不同。其中变化较为明显的是农业中间品的出口溢出，在湿润区溢出效应最大，而在干旱区溢出效应最小，且小于全样本的溢出效应。这可能是因为对于化肥、农药等农业中间品来说，在降水较为充沛或者灌溉条件较好的地区，能够产生较大的技术溢出，这也一定程度上反映了非洲干旱区域缺乏必要的灌溉设施，多数农田为雨养型，靠天吃饭，不仅不利于本地区农业技术进步，还限制了农产品进口的技术溢出效应。

5.6　进一步讨论

由表5-3可以看出，中国对非洲农业中间品和农业资本品出口的溢出效应接近世界其他国家对非洲农产品出口的溢出效应，本小节将进一步讨论中国对非洲农产品出口与世界其他国家的竞争程度。由于本书将OECD集团国家代表世界其他国家，因此将对OECD集团国家与中国在非洲的农产品出口竞争程度进行讨论。

将OECD集团国家对非洲的农产品出口同样分为3类，即最终消费品、农业中间品和农业资本品。利用出口相似度指数ESI（Export Similarity Index），衡量中国和OECD国家3类农产品出口在非洲的竞争程度。ESI指数最早由Finger et al. (1979) 提出，旨在衡量2个国家的出口产品在第三方国家的相似度即竞争程度。

$$ESI_{xyt} = \left[\sum_{m} \min\left(\frac{E_{ikt}^{m}}{E_{ikt}}, \frac{E_{jkt}^{m}}{E_{jkt}}\right) \right] \times 100 \quad (5-13)$$

式中，ESI_{xyt} 为 t 时期出口相似度指数；E^m_{ikt}、E^m_{jkt} 分别为 t 时期 i、j 两国在 k 市场上的 m 产品出口额；m 分别为最终消费品、农业中间品和农业资本品；E_{ikt}、E_{jkt} 分别为 i、j 两国对 k 市场的总产品出口额。ESI 指数变动范围为 [0，100]，若该指数为 0，则说明 i 国与 j 国对 k 市场出口的商品具有完全不同的结构，因此，若 ESI 越趋近于 0，则 i、j 两国出口产品结构差异越大，贸易竞争程度越低；若 ESI 为 100，则两国对第三国出口产品的结构完全相同，ESI 越接近 100，两国在第三国市场的产品出口竞争程度越高。本研究中，E^m_{ikt} 和 E_{ikt} 分别为中国对非洲的各类农产品出口额和农产品出口总额，E^m_{jkt}、E_{jkt} 为 OECD 集团国家对非洲的各类农产品出口额和农产品出口总额。

根据 ESI 指数的计算公式，得出中国和 OECD 国家对非洲出口的农产品相似度指数，如图 5-2 所示。中国和 OECD 国家对非洲农产品出口呈波动下降趋势，其中出口相似度最低的年份是 2014 年，为 49，最高年份是 2006 年，达到 79.6，2003—2017 年均下降率为 1.55%。由此可见，中国与 OECD 国家的农产品在非洲市场具有较强的竞争性，但竞争性在逐渐降低。

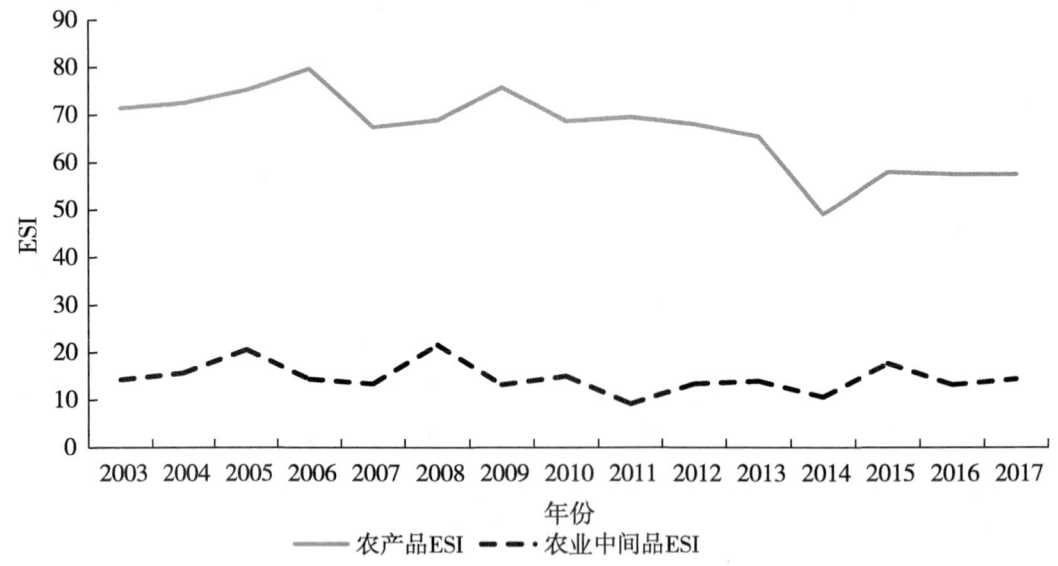

图 5-2 中国与 OECD 国家对非洲农产品出口相似度指数

从农业中间品来看，2003—2017 年中国和 OECD 国家对非洲出口的相似度指数呈较为平稳的态势，最低为 2015 年的 9.15，最高为 2005 年的 20.6，样本期内波动较小。由此可见，中国与 OECD 国家的农业中间品在非洲不存在较强的竞争，这一定程度上反映了中国的经济结构,即农业化工类产品生产具有较强的比较优势。该类产品在非洲具有较强的优势,能够与非洲市场需求形成一定的对接,也一定程度上促进了非洲农业生产技术进步。中国当前正在开展农业节肥节药行动,努力实现化肥农药使用量负增长,促进化肥农药行业供给侧改革。这也在一方面启示了中国,培育具有国际竞争力农资企业集团,鼓励其参与到中非合作中,既满足非洲的农资产品需求,又可将中国农业绿色发展与化肥农药的出口相结合。

5.7 本章小结

本章通过梳理国际技术溢出的实证模型,根据本书的研究目标,将 LP 模型进行了相应拓展,检验中国对非洲农产品出口的农业技术溢出效应机理,因变量为非洲农业 TFP。

从中国对非洲农产品出口的农业技术溢出效应结果来看:①中国对非洲农产品出口显著促进了非洲农业 TFP 的增长;②中国对非洲农业最终消费品出口没有发生显著的技术溢出效果,而农业中间品和农业资本品的出口则对非洲农业 TFP 增长产生了明显的促进作用,说明中国对非洲农业中间品和农业资本品的出口是提高非洲农业生产率的重要途径;③中国对不同气候区域国家的各类农产品出口中,农业中间品的溢出效应受到气候条件的影响较为明显,在干旱区溢出效应最小。

从控制变量的结果来看:①中国对非洲直接投资具有显著的农业技术溢出效应;②非洲各国的农业 TFP 增长,受到非洲国内农业 R&D 存量的显著影响,是非洲本地区的农业技术进步的源泉之一,对农业经济增长至关重要;③世界其他国家对非洲的农产品出口和直接投资也产生了明显的农业技术溢出作用。

6

基础设施在中国对非洲直接投资农业技术溢出中的作用机制分析

根据上一章的回归结果可以看出，中国对非洲直接投资会产生显著的农业技术溢出效应。非洲基础设施是当前中国对非洲直接投资的重要领域，中国对非洲直接投资是否能够提高其基础设施水平，并进一步影响农业TFP，需要进一步的探讨。本章首先进行理论分析，进而构建中介效应模型，以基础设施水平为中介变量，探讨中国直接投资对非洲农业技术溢出的机制机理。

6.1 引　　言

21世纪前中国与非洲的经济联系较弱，1999年末中国累计对非洲投资仅为4.4亿美元，而进入21世纪后，中国逐渐成为非洲最大的经济伙伴之一。中国对非洲的投资虽然初始总量较低，但增长很快，自从实施"走出去"战略后，中国对非洲投资呈迅速增长态势，2003年直接投资流量为0.7亿美元，而2017年增长至40亿美元。从存量来看，2003年中国对非洲投资存量为4.6亿美元，2017年增长至384亿美元，中国成为非洲FDI重要的来源国家。根据商务部发布的中国对外直接投资统计公报，2010—2017年，中国在非洲的境外企业从1955家增长至3413家，增长了将近2倍。从投资领域来看，中国对非洲直接投资涉及多项行业领域，其中主要领域为建筑业、采矿业和制造业，2013—2017年，3个行业投资存量占比达到77%以上，其中2015年达到83%。建筑业始终处于中国对非洲直接投资存量的第一位，2013—2017年投资存量比例保持在全部投资存量的30%以上，截至2017年，达到128.8亿美元，中国已成为非洲基础设施最大的投资者。此外，根据世界银行的一项调查，发现中国对6个非洲国家的制造业投资占总量的44%（Shen，2015）。

随着中国对非洲直接投资的快速增长，其对非洲经济发展的影响引起了大量学者的关注。许多学者认为在相对落后的非洲地区，由于本身资金技术匮乏，外资的投入对当地经济发展能够起到带动作用（汪巍，2014）。2008年金融危机后，中国对非洲的投资等经济行为增长速度远高于其他国家，中国在非洲愈加活跃的经济行为，为非洲经济带来了更多的活力和增长潜力（Broadman，2006），研究发现，中国在非洲的直接投资存量增加1%，非洲的国内生产总值增长率同比上升至少0.5%（Weisbrod et al.，2011）。特别是中国对非洲地区的FDI从交通通信等基础设施建设方面补充了当地资金缺口，不仅有助于改善当地居民的生活，为其提供便捷服务（Brautigam et al.，2009），还带动了当地工业生产和就业，有利于提高工人素质，推动非洲参与全球价值链,促进中非双边贸易并促进非洲的可持续发展,因此中国对非洲直接投资具有"授人以渔"的贡献(刘青海,2011;刘爱兰 等,2012)。随着中国软实力的不断提高,且多年来中非在经济、文化和投资合作等领域越来越密切的交流,使中国对非洲直接投资获得了良好的口碑。除了直接拉动经济发展效应外,中国对非洲投资还激发了其他国家,特别是新兴市场国家投资非洲的热情,提升了非洲市场在全球资本市场上的吸引力。此外,一些研究发现中国的投资活动对非洲经济增长没有作用,例如中国的纺织、家具和陶器等产品会在非洲市场同当地企业形成竞争,不利于当地产业发展,且中国在非洲的直接投资活动易滋生寻租行为(Busse et al.,2013)。

现有文献中,虽不少研究针对非洲地区吸引外商直接投资与经济发展的关系,但多数以经济增长为研究变量,鲜有学者关注中国对非洲投资的农业技术溢出的路径机理。虽然中国对非洲的投资中,农业投资占比很小,而是主要集中在能源、建筑等基础设施领域,但基础设施落后正是非洲经济和农业发展的最大瓶颈之一。非洲多数国家交通设施薄弱,且分布不平衡,严重制约着生产要素的自由有效流动,制约经济社会的可持续发展。根据《非洲发展报告(2015)》的估计,2011—2040年非洲基础设施建设缺口将高达3600亿美元,因此,改善基础设施、降低能源使用和运输成本、增进各地区之间的互联互通,是提高非洲生产力的关键之举。中国积极参与非洲的基础设施建设,在交通方面,参与建设蒙内铁路和内马铁路、亚吉铁路、尼日利亚现代化铁路等,支撑了交通物流格局优化和转型升级。在水利电力建设方面,承建乌干达卡鲁玛水电站、尼日利亚宗格鲁水电站、科特迪瓦苏布雷水电站等,助力非洲的工业化进程,改善民生。在通信方面参与建设安哥拉光缆骨干网、赞比亚广电网络、喀麦隆国家电信骨干网等,帮助非洲提高竞争优势。在农业方面,中国援建了加纳阿菲费灌溉工程、赞比亚中赞友谊农场等农业基础设施;2015年中国在中非合作论坛上承诺在非洲100个乡村实施"农业富民工程",建设农田水利设施;2019年在首届中非经贸博览会基础设施合作项目仪式上,中非签署加纳农村电网、几内亚阿玛利亚水电站在内的共计13个项目。

补齐基础设施短板,实现各区域互联互通,是促进区域经济增长的重要方式,基础设施水平的改善有助于降低交通运输成本、促进人员资本等要素的自由流动。本书将专注于中国投资对非洲农业技术溢出的路径机理,考察中国对非洲直接投资能否通过改善非洲基础设施水平而进一步影响农业生产率,并产生积极的技术溢出作用。本章将构建非洲基础设施水平指数,并以该指数作为中介变量纳入研究框架

(图 6-1)，实证检验中国直接投资对非洲农业技术的溢出路径机理。

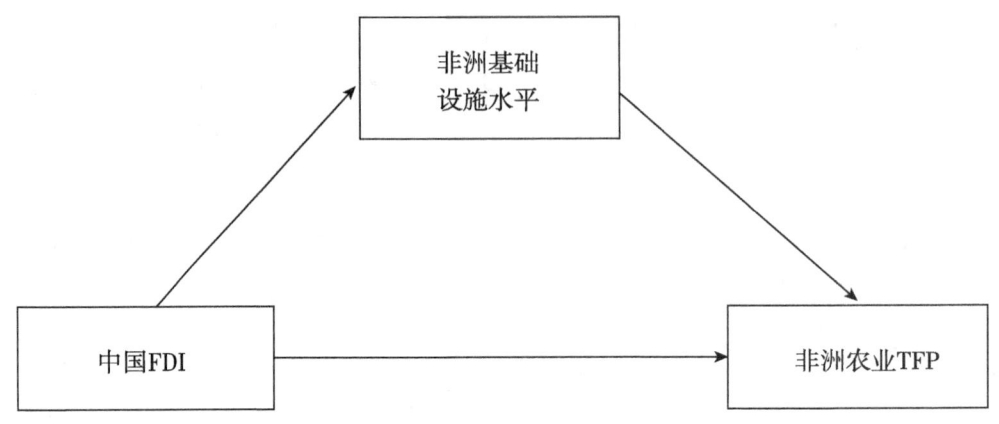

图 6-1 中国直接投资对非洲农业技术的溢出中介路径

6.2 理论分析

6.2.1 外商直接投资对基础设施水平的溢出机理

外商直接投资对东道国通过以下几个效应，影响东道国的基础设施水平。第一，资本形成效应。根据钱纳里的双缺口理论，发展中国家一般会出现外汇和储蓄双缺口，本国的资本供给无法达到经济发展目标。双缺口理论认为外资的进入可以一定程度上弥补这2个缺口，维持资本稳定供给，进而影响东道国的基础设施建设资金配置，并最终影响基础设施水平。第二，融资效应。外商直接投资进入东道国市场后，通过示范效应、竞争效应等促进东道国基础设施建设的技术水平得到提升，市场结构逐步完善，适宜的市场秩序和投资环境有利于带动内资企业扩大投资规模。通常来说，跨国公司的直接投资对东道国金融服务质量要求较高，东道国的金融发展条件会成为选择投资区位时的考虑因素，因此，东道国为了吸引投资，往往会相对放松金融管制，促进金融市场更加开放和自由。外商直接投资进入东道国后，民营企业通过与实力雄厚且资信良好的外资企业合作，可相对容易地从银行机构获得融资贷款，一定程度上缓解民营企业的融资困难问题。第三，技术进步效应。首先，外商直接投资进入东道国基础设施建设后，一定程度上参与运营管理，可以引入跨国企业本身携带的先进技术和管理经验，提高本国技术水平和生产效率。其次，外商直接投资将会对东道国企业产生技术外溢，表现为以下3个方面：外商直接投资的进入将加大东道国本土企业的竞争，为了生存，本地企业不得不学习和引进先进技术，加大研发，提升竞争力；跨国公司会对当地企业产生示范效应，带动当地企业学习和模仿，有利于最终实现技术创新的突破；跨国公司往往会对员工进行技术管理等培训，而这些员工的就业流动可将先进技术进一步传播和扩散，扩大技术传递的外溢效应。最后，各项基础设施之间具有技术、经济、数量和质量方面的因果相互联系性（李德刚 等，2017），相互关联的基础设施实现高效匹配才得以共同得到完善（王路，2000）。在这种情况下，外商直接投资不仅可以对一项基础设施产生提升作用，还会对其他基础设施产生间接作用。

6.2.2 基础设施水平与农业生产率关系的理论分析

20世纪40年代中后期，发展经济学家开始对基础设施进行了经济学分析研究。美国经济学家罗森斯坦·罗丹（Rosenstein·Rodan）提出了大推动理论（The theory of the big-push），罗格纳·纳克斯（Ragnar Nurkse）在《不发达国家的资本形成》一书中提出了贫困恶性循环理论，二者都认为大规模的基础设施投资是经济发展的必要条件。随后，赫希曼（Hirschman）在其《经济发展战略》一书中，提出了不平衡增长理论，认为只要当基础设施得到发展后，经济才能出现增长，基础设施投资是经济增长的基础。世界银行在1994年的《世界发展报告》中提出，经济性的基础设施对经济发展和人民福利提高具有重要作用，基础设施与发展呈正相关关系，基础设施存量增长1个单位，GDP将增长1个单位。沃尔特·罗斯托（Walt·Rostow）在《经济成长阶段》一书中强调基础设施具有重要意义，是经济起伏的前提条件，因此基础设施投资应不断增加，且政府应负重要责任。对基础设施提升经济发展效益方面的具体研究包括以下几个方面：第一，基础设施对刺激生产和生产率增长的作用；第二，基础设施布局形成地区经济增长的差异；第三，基础设施对成本的影响；第四，基础设施的完善度可以决定一国获得外国直接投资的竞争力；第五，基础设施发展可以促进市场发展。

根据世界银行定义，基础设施为永久性工程构筑、设施、设备，以及为居民生活和经济生产提供的各种服务。具体来说，基础设施一般指保证经济活动正常运行的服务项目，例如交通、能源、水利设施、通信设施等，基础设施通常具有公共物品属性，具有明显的规模效应，可以通过溢出效应带动经济发展和生产效率的提高。Aschauer（1989）对基础设施投入与经济增长的关系进行了开创性研究，发现1949—1985年美国的基础设施投资产出弹性为0.39。根据世界银行早期的一项评估，基础设施存量每增长1%，将会带动GDP增长1%（World Bank，1994）。对于基础设施与生产效率的关系，大多数研究从生产函数出发，从2个角度进行实证分析，其一是基础设施作为资本投入，估计其产出弹性，例如金戈（2016）、薛勇军等（2012）都测算出基础设施对中国经济增长有很重要的促进作用，产出弹性显著为正，而也有研究发现基础设施对经济增长没有显著作用；其二是在新增长理论基础上联结了基础设施与全要素生产率，检验基础设施对经济的外溢效果，Hulten（2006）测算了印度的全要素生产率并发现交通和电力基础设施对TFP具有正向的外部作用，刘生龙等（2010）测算了1988—2007年中国的全要素生产率，检验了交通、能源和信息3种基础设施的影响，发现交通和信息基础设施有较强的正向溢出作用，但郄恩崇等（2013）发现在2001—2011年的样本期间内，只有能源和信息基础设施存在显著的溢出效应，而交通设施的溢出效应则不显著。此外，发现基础设施对全要素生产率有正向溢出作用的还有刘秉镰等（2010）和王自锋等（2014）。

基础设施的改善对农业生产率也存在重要影响，具体的影响方式有以下几个方面。第一，优化农业生产要素投入结构。农业生产需要投入劳动力、资本和土地等生产要素，为了提升农业生产率，各项要素的配置需要达到帕累托最优，而这就需要边界的交通运输，使劳动力、中间投入、农产品等可以及时进行市场化流动。铁路公路、能源电力、灌溉设施等基础设施保障了农业机械替代劳动力，当劳动力成本攀升时，机械替代劳动力将降低要素使用成本，调整要素投入结构，维持或者提升生产率。完善的农田水利设施，可减少在农田上劳作的劳动力要素，例如Teruel et al.（2005）认为基础设施和劳动力之间存在替代关系，而与农业中间品和农业资本品之间存在互补关系，提高单位劳动生产效率，进而提升农业TFP。第二，降低生产成本。农业生产从最初的种子、化肥等农业生产资料购置，到收获、仓储和销售，各个环节都离不开交通运输。基础设施对经济环境的改善具有辅助作用（吴清华 等，2015），特别是交通、能源等基础设施将降低农业生产的物流运输和要素投入的流动成本，促进农产品市场发展。根据世界银行的研究报告，由于道路和仓储设施的不完善，通过对全世界范围内计算，农产品从农民收获到消费者购买过程中平均损耗15%，而完善的农村公路将使化肥成本降低14%。第三，加快农业技术扩散。农业技术扩散可以促使新品种、新型化肥和农业机械在更大范围内传播并产生经济效益，促进农业发展和产业结构优化。农业技术扩散不仅需要物质资本和人力资本的配合，还需要完善的基础设施环境，例如互联网、交通运输等设施，降低新技术的扩散成本，促进新技术得到更快的传播和普及。

在基础设施与农业生产率的关系方面，Fan et al.（2004）将基础设施分为灌溉和公路设施两类，并测算出二者对中国农业经济增长的产出弹性分别为 0.127 和 0.004。有研究发现交通基础设施能够显著提高巴西、智利、阿根廷和墨西哥的农业生产率。在对非洲的研究中，Ulimwengu et al.（2015）研究了刚果的道路基础设施建设作用，发现对农业生产条件的改善具有显著的正向作用。

6.2.3 基础设施水平对农业技术影响的理论模型

道路、能源等基础设施的完善将最直接地导致交通运输成本下降，而成本下降是否有助于提高农民的新技术采纳率，进而促进技术溢出，是本节论述的目标。本节参考 Ali et al.（2015）的理论模型，描述采纳不同技术的农民各自的效用函数和生产行为。在比较不同农业生产者的行为区别时，当前的文献主要关注要素禀赋、风险接受程度、资本和劳动市场不完善等因素导致的区别，而本节的理论框架将只关注基础设施对生产者农业技术采纳的影响。假设农业生产市场中只有 2 种类型的生产者，即采纳新技术的生产者以及未采纳新技术的生产者，其中前者可能使用了机械、改良品种等技术，而后者依然使用较为落后低效的农业技术。采纳新技术需要投入固定成本 F，例如机械购置成本、学习成本等，或一些非资本类的投入，这都将成为采纳新技术的阻碍。假设 2 类生产者在其他行为方面完全一致。依次优化 2 类生产者的效用函数，进而厘清基础设施对新技术采纳的影响。

（1）采纳新技术生产者的效用优化

设采纳新技术生产者的效用函数为以下形式：

$$U_i = C_i^{\beta} (\theta_i y_i)^{\alpha} \tag{6-1}$$

其中，C_i 为生产者 i 从市场中购买的用于消费的产品；θ_i 为产出 y_i 中用于自己家庭消费的比例，因此生产者出售到市场的产品为 $(1-\theta_i) y_i$。方程（6-1）在一定的预算条件下求最大值，预算条件为：

$$(1 - \theta_i)(p - t) W_i^{\sigma} = (p_C + t_C) C_i + vW + F \tag{6-2}$$

生产函数为 $y_i = W_i^{\sigma}$，其中 W 为投入要素且 $0 < \sigma < 1$，假定要素市场是完全竞争市场，以 v 为要素价格；t 和 t_C 分别为商品 y 和 C 的运输成本；p 和 p_C 分别为产出和

消费的给定市场价格；F 为采纳技术的固定成本；v 为可变成本。式（6-2）的预算约束表明市场生产的产品必须和消费相等，即产出 $(1-\theta_i)(p-t)W_i^\sigma$ 等于消费 $(p_C+t_C)C_i$、要素成本 vW 和采纳技术的固定成本 F 之和。

在约束条件式（6-2）下最大化式（6-1）的一阶条件如下：

$$\frac{dL}{dB} = \beta\, C^{\beta-1}\,\theta_i^\alpha\, W_i^\rho - \lambda(p_C+t_C) = 0 \qquad (6-3)$$

$$\frac{dL}{dW} = \rho\, C^\beta\,\theta_i^\alpha\, W_i^{\rho-1} + \lambda[\rho(p-t)(1-\theta_i)W_i^{\sigma-1} - v] = 0 \qquad (6-4)$$

$$\frac{dL}{d\theta_i} = \alpha\, C^\beta\,\theta_i^\alpha\, W_i^\rho + \lambda[(p-t)W_i^\sigma] = 0 \qquad (6-5)$$

$$\frac{dL}{d\lambda} = (1-\theta_i)(p-t)W_i^\sigma - (p_C+t_C)C_i - vW - F = 0 \qquad (6-6)$$

其中 $\rho = \alpha\sigma$。由式（6-3）~式（6-6）可求解以下变量：

$$W_i = \left(\frac{\sigma(p-t)}{v}\right)^{\frac{1}{1-\sigma}} \qquad (6-7)$$

$$\theta_i = \frac{\rho(p_C-t_c)}{\beta}\left(\frac{1}{(p-t)}\left(\frac{v}{\sigma}\right)^\sigma\right)^{\frac{1}{1-\sigma}} \qquad (6-8)$$

$$C_i = \frac{1 - F - \left(\frac{\sigma(p-t)}{v\sigma}\right)^{\frac{1}{1-\sigma}}}{p_C+t_C} - \frac{\rho}{\beta} \qquad (6-9)$$

将求解结果代入效用函数式（6-1）得到：

$$U_i^* = \left(\frac{1 - F - \left(\frac{\sigma(p-t)}{v\sigma}\right)^{\frac{1}{1-\sigma}}}{p_C+t_C}\right)^\beta \left(\frac{\rho(p_C+t_C)}{\beta}\right)^\alpha \qquad (6-10)$$

即采纳新技术的生产者能够获得的最大化效用。

（2）未采纳新技术生产者的效用优化

假设未采纳新技术的生产者具有相同的偏好，唯一的不同是他们不用支付采纳新技术的固定成本 F，并使用较为低效率的生产方式，用生产函数 $y_j = W_j^\varepsilon$ 代表，其中 $0 < \varepsilon < \sigma < 1$。对未采纳新技术的农民的效用在约束条件下最大化，其中效用为：

$$Max\, U_j = C_j^\beta\,(\theta_j y_j)^\alpha \qquad (6-11)$$

约束条件为：

$$(1-\theta_j)(p-t)W_j^\varepsilon = (p_C+t_C)C_j + v\,W_j \qquad (6-12)$$

通过相似的方法求得未采纳新技术生产者的最大化效用：

$$U_j^* = \left(\frac{1-\left(\frac{\varepsilon(p-t)}{v\varepsilon}\right)^{\frac{1}{1-\varepsilon}}}{p_C+t_C}\right)^\beta \left(\frac{\varepsilon(p_C+t_C)}{\beta}\right)^\alpha \quad (6\text{-}13)$$

(3) 采纳技术行为选择

根据以上生产和效用函数可知，当 $U_j^* < U_i^*$ 时，生产者将采纳新技术，并得到以下不等式：

$$U_j^* - U_i^* < 0 \text{ if } \delta < F \quad (6\text{-}14)$$

其中：

$$\delta \equiv \left(\frac{\sigma(p-t)}{v\sigma}\right)^{\frac{1}{1-\sigma}} - \left(\frac{\varepsilon(p-t)}{v\varepsilon}\right)^{\frac{1}{1-\varepsilon}} \quad (6\text{-}15)$$

假设生产者所处地区具有不同的运输成本 $t_h \in [t_0, \cdots, \tilde{t}, \cdots T]$，其中 $t_0 < \tilde{t} < T$，当 $\widetilde{F} > 0$ 且 $\tilde{\delta} \equiv \left(\frac{\sigma(p-\tilde{t})}{v\sigma}\right)^{\frac{1}{1-\sigma}} - \left(\frac{\varepsilon(p-\tilde{t})}{v\varepsilon}\right)^{\frac{1}{1-\varepsilon}} = \widetilde{F}$ 时，定义运输成本为 $\tilde{t}$，注意此时在 $\tilde{\delta}$ 水平时，生产者或者采纳新技术，或者不采纳。

据此，可以得到两个结论，结论及其证明如下。

结论1：在运输成本处于较低水平即 $t_h < \tilde{t}$ 时，生产者若采纳新技术将得到利润，而当 $t_h > \tilde{t}$ 时，生产者会继续使用原有低效技术。证明：当 $\varepsilon < \sigma$ 时，$\frac{d\delta}{dt} = -\frac{1}{1-\sigma}\left(\frac{\sigma(p-t)}{v\sigma}\right)^{\frac{1}{1-\sigma}} + \frac{1}{1-\varepsilon}\left(\frac{\varepsilon(p-t)}{v\varepsilon}\right)^{\frac{1}{1-\varepsilon}} < 0$，由于 δ 对 t 连续，是 t 的单调减函数，因此根据中值定理，当 $t_h < \tilde{t}$ 时，$\delta > \widetilde{F}$，生产者将采纳新技术；相反当 $t_h > \tilde{t}$ 时，$\delta < \widetilde{F}$，生产者不会采纳新技术。

结论2：采纳新技术的生产者相对于未采纳新技术的生产者，对运输弹性更为敏感。证明：设定 $E_k = \frac{\partial y_k}{\partial t}\frac{t}{y_k}$（其中 $k=i,j$）为产品关于运输成本的需求弹性，由 $y_i = \left(\frac{\sigma(p-t)}{v}\right)^{\frac{\sigma}{1-\sigma}}$ 得出 $E_i = \frac{-\sigma t}{(p-t)(1-\sigma)}$，相似的，得出 $E_j = \frac{-\varepsilon t}{(p-t)(1-\varepsilon)}$，由于假设 $\varepsilon < \sigma$，得出 $E_i > E_j$。

根据以上结果可知,当运输成本较低时,生产者倾向于采纳新技术;当运输成本降低时,已采纳新技术的生产者未来继续采纳新技术的可能性更大。

6.3 非洲基础设施水平指数构建

基础设施建设通常表现为铁路、公路、机场、能源、通信等物质条件的改变,在实证分析中需要一个变量来代表基础设施水平,其中王小鲁等(2009)采用人均标准道路里程来代表基础设施水平,Fuglie et al.(2013)运用了每公顷土地的道路公里数即道路密度来衡量基础设施水平。但仅用单一指标无法真实全面地反映基础设施的发展水平,对此,张军等(2007)参考了World Bank(1995)等的定义,选取了交通、能源、通信和城市基础设施4个指标表征基础设施水平,隋广军等(2017)也参照上述4个指标构建了基础设施水平指数。黄亮雄等(2018)在张军等(2007)和隋广军等(2017)的研究基础上,将农村基础设施指标也添加到指数构建中,将四维度指标拓展到五维度指标。本书将参考张军等(2007)、隋广军等(2017)和黄亮雄等(2018)的构建方法,采用交通、能源、通信和农村基础设施指标,每个指标又包含2个细分指标,交通基础设施指标包括每万人铁路总公里数、每万人航空运输量,能源基础设施包括人均能源消费石油当量、人均电力消费千瓦时,通信基础设施包括每百人互联网用户、每百人移动无线通信电话租用,农村基础设施包括获得改善水源的农村人口占比、获得经改善卫生设施的农村人口占比。以上数据均来自世界银行数据库。之后黄亮雄等(2018)的加权方法,用以上数据构建基础设施水平指数。

构建方程如下:

$$INFRA_{it} = \sum_j infra_{jit} \times w_j \quad (6-16)$$

其中,$INFRA_{it}$为基础设施水平指数;$infra_{jit}$为某项基础设施指标j的得分;w_j为该项基础设施指标的权重;i为国家;t为年份。通过极差化的方式对$infra_{jit}$取值,如式(6-17)所示:

$$infra_{jit} = \frac{Z_{jit} - \min Z}{\max Z - \min Z} \times 100 \quad (6-17)$$

其中,Z_{jit}为在t年时i国的某项基础设施指标j的数值;$MinZ$为指标j的最小值；MaxZ 则为最大值。

在权重 w_j 设定方面，参考黄亮雄等（2018）的方法，将4个基础设施设为同等权重，即0.25，其下每个细分指标的权重设定为0.125。由此计算得出基础设施水平指标在0~100，数值越高说明基础设施水平越高，反之则越低。关于各项基础设施指标和权重见表6-1。根据测算结果，近年来基础设施水平增较快的国家有安哥拉、埃塞俄比亚、加蓬、加纳、毛里求斯、莫桑比克、尼日利亚、塞内加尔、南非、坦桑尼亚和多哥。

表6-1 构建基础设施水平的指标及权重

指标	权重	细分指标	权重
交通基础设施	0.25	每万人铁路总公里数	0.125
		每万人航空运输量	0.125
能源基础设施	0.25	人均能源消费石油当量	0.125
		人均电力消费千瓦时	0.125
通信基础设施	0.25	每百人互联网用户	0.125
		每百人移动无线通信电话租用	0.125
农村基础设施	0.25	获得改善水源的农村人口占比	0.125
		获得经改善卫生设施的农村人口占比	0.125

6.4 模型设定与数据说明

6.4.1 模型设定

中介效应模型最早应用于心理学研究，衡量自变量通过中介变量间接作用于因变量的影响程度。中介效应模型日趋成熟，其应用也更为广泛。Mackinnon et al.（2002）总结并模拟了多重经典方法，但这些方法无法兼顾统计检验错误和检验功效，适用性不强。随后，温忠麟等（2014）结合了Judd et al.（1981）等研究的检验方法，提出了一个综合性的中介效应检验程序，保证了统计检验功效，且有效地控制统计检验错误。模型示意图如图 6-2 所示。

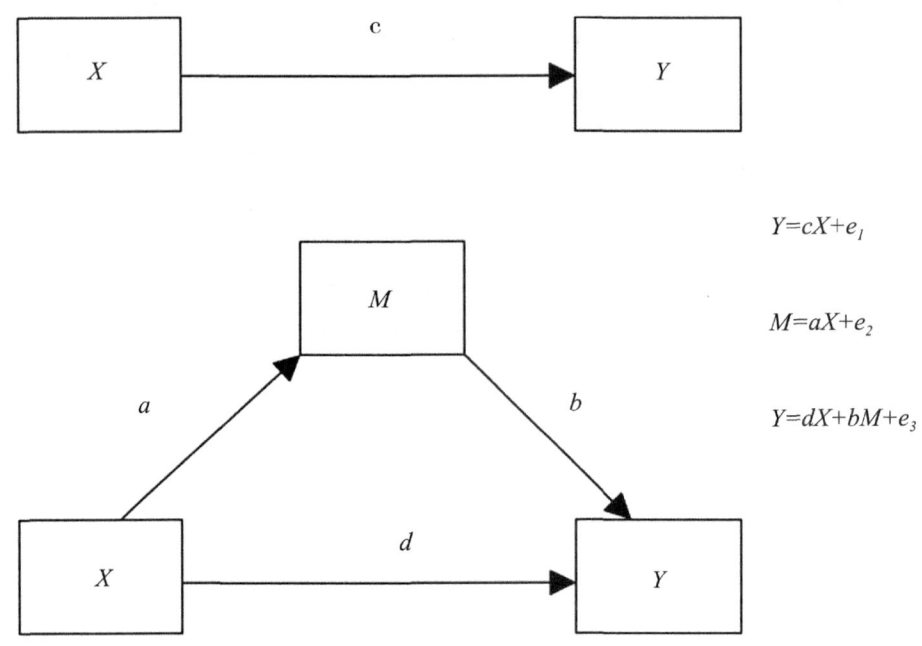

图 6-2 中介效应模型示意图

本章重点研究中国对非洲直接投资的农业技术溢出作用，因此中国对非洲直接投资为核心解释变量。被解释变量方面，与上一章相同，采用农业 TFP 为因变量。控制变量为非洲农业研发投入总额、非洲国内投资和政治风险。我们已在上一章经回归发现中国对非洲直接投资会对非洲农业产生技术溢出作用，本章将建立以非洲基础设施水平为中介变量的中介效应模型，以明确中国对非洲直接投资是否通过改善非洲基础设施水平并继而发挥了农业技术溢出作用，进一步考察农业技术溢出机制。依据温忠麟等（2014）等提出的中介效应检验模型和基本步骤，设定中介效应模型如下：

$$\ln TFP_{it} = c_0 + c_1 \ln S_{it}^{FCHN} + \sum cX + \gamma_t + \theta_i + e_{1it} \quad (6\text{-}18)$$

$$\ln INFRA_{it} = a_0 + a_1 \ln S_{it}^{FCHN} + \sum aX + \gamma_t + \theta_i + e_{2it} \quad (6\text{-}19)$$

$$\ln TFP_{it} = d_0 + d_1 \ln S_{it}^{FCHN} + b \ln INFRA_{it} + \sum dX + \gamma_t + \theta_i + e_{3it} \quad (6\text{-}20)$$

式（6-16）~式（6-18）中，TFP_{it} 为非洲农业全要素生产率；S_{it}^{FCHN} 为中国对非洲直接投资；以 $INFRA_{it}$ 为非洲基础设施水平，是中介变量；X 为控制变量；ε_{it} 为随机干扰项；i 代表国家；t 代表年份。图 6-3 为中介模型检验程序。中国对非洲直接投资的农业技术溢出效应具体过程包括：第一，中国对非洲直接投资农业技术溢出的总效应，用方程（6-16）表示，总效应为系数 c_1，当 c_1 不显著时，则说明中国对非洲直接投资没有农业技术溢出效应，停止中介效应检验；第二，中介效应的第一阶段，即中国直接投资对非洲基础设施水平的影响，用方程（6-17）表示，其中 $INFRA_{it}$ 为基础设施水平，系数 a_1 衡量影响程度；第三，中介效应的第三阶段，即基础设施水平对农业技术溢出的影响，用方程（6-18）表示，系数 d_1 表示直接效应，a_1b 表示中介效应。当 a_1 和 b 有一个不显著时，进行 Sobel 检验，当 Sobel 检验显著时，说明中介效应显著，否则中介效应不显著。

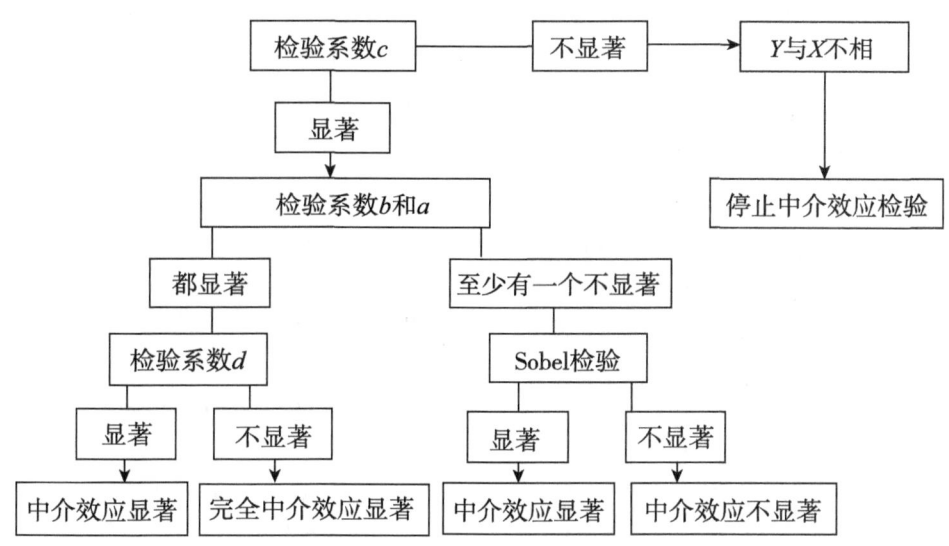

图 6-3 中介效应模型检验程序

6.4.2 变量及数据说明

（1）被解释变量：非洲国家农业 TFP_{it}

非洲国家农业 TFP 为第四章 DEA-Malmquist 指数方法测算的结果。

（2）解释变量：中国对非洲直接投资 R&D 存量 S_{it}^{FCHN}

中国对非洲直接投资 R&D 存量 S_{it}^{FCHN} 的确定见 5.3.2 节，此处不再赘述。

（3）中介变量：非洲基础设施水平 $INFRA_{it}$

非洲基础设施水平指数的构建见 6.3 节，此处不再赘述。

(4) 控制变量

中国对非洲农产品出口 R&D 存量 S_{it}^{CHN}，由于本章的侧重点为中国对非洲直接投资的农业技术溢出机理，因此中国对非洲农产品出口在本章为控制变量。非洲国内农业研发投入存量 S_{it}^{D}，中国对非洲农产品出口 R&D 存量 S_{it}^{CHN}、世界其他国家对非洲农产品出口和直接投资 R&D 存量 S_{it}^{ROW}、S_{it}^{FROW}，非洲国内投资（CAP），政治风险（GOV）。数据来源见 5.3.2 节所述。

根据数据可获得性，本章选取样本时间跨度为 2003—2017 年，国家与第五章相同。表 6-2 为所使用变量的含义及取对数后的描述性统计分析。

表 6-2 变量含义及描述性统计分析

项目	变量含义	均值	标准差	最小值	最大值
$\ln TFP$	农业全要素生产率	0.0208	0.1926	−0.2107	0.2776
$\ln S^{FCHN}$	中国对非洲直接投资 R&D 存量	7.6076	1.7901	3.6094	12.1892
$\ln INFRA$	基础设施水平	11.7030	2.2007	2.3026	16.2166
$\ln S^{D}$	非洲国内农业 R&D 存量	14.2824	4.1506	1.3481	22.9146
$\ln S^{CHN}$	中国对非洲农产品出口 R&D 存量	6.8836	1.4527	2.1852	10.2287
$\ln S^{ROW}$	世界其他国家对非洲农产品出口 R&D 存量	8.9613	2.0059	4.0794	13.8207
$\ln S^{FROW}$	世界其他国家对非洲直接投资 R&D 存量	14.6629	1.8150	7.4170	19.2353
$\ln CAP$	非洲国内投资	14.5971	1.5134	10.6319	18.3155
$\ln GOV$	非洲政治风险	2.2343	0.0764	2.0180	2.4174

6.5 实证结果分析

6.5.1 中介效应模型结果分析

中国对非洲直接投资的农业技术溢出中介效应检验结果如表 6-3 所示。首先检验方程（6-16），直接检验中国对非洲直接投资的农业技术溢出效果，发现中国对非洲直接投资与非洲农业 TFP 呈显著的正相关关系。这与大多数研究的结果相似，即外商直接投资流入对东道国会产生技术溢出作用，这可能是因为外商直接投资增加了资本积累、生产能力和中间产品需求等，此外还强化了竞争，刺激了生产率提高。

表6-3　中国对非洲直接投资农业技术溢出的中介效应检验结果

项目	TFP	INFRA	TFP
$\ln S^{FCHN}$	0.0462***	0.2472***	0.0237***
	(0.0154)	(0.0412)	(0.0100)
$\ln INFRA$			0.0901
			(0.0577)
$\ln S^{CHN}$	0.0356***	0.0003	0.0305***
	(0.0109)	(0.0029)	(0.0062)
$\ln S^{D}$	0.1580***	0.0281	0.1309***
	(0.0428)	(0.0246)	(0.0154)
$\ln S^{ROW}$	0.0822***	0.0011	0.0702***
	(0.0179)	(0.0008)	(0.0109)
$\ln S^{FROW}$	0.0737***	0.1822**	0.0784***
	(0.0149)	(0.0845)	(0.0154)
$\ln CAP$	0.0698***	0.2744**	0.0601***
	(0.0249)	(0.1247)	(0.0155)
$\ln GOV$	-0.0082	-0.0628	-0.0105
	(0.0144)	(0.0698)	(0.0119)
cons	2.3952***	-3.3848***	2.5151***
	(0.0819)	(0.7641)	(0.3994)
Adjusted R^2	0.8767	0.8423	0.8991
F	37.2615***	32.1477***	45.8653***

注：**和***分别代表5%和1%的显著性水平。

继续对方程（6-17）进行检验，根据以非洲基础设施水平为中介变量的模型（6-17）检验结果可见，中国直接投资对非洲基础设施水平指数具有显著的提升作用。这说明中国直接投资对非洲的基础设施有显著的改善作用。中国对非洲的直接投资中，多数为工程合同类，而其中基建项目又占据主要地位。此外，绿地投资为中国对非洲直接投资的第二大类别，多为新建项目投资，具有更高的经济乘数效应。

对方程（6-18）的检验结果显示，控制了中介变量后自变量对因变量的影响系数相比于方程（6-16）的结果显著变小，统计上来说，系数显著下降说明基础设施水平与中国直接投资的相关关系对技术溢出产生促进作用，而现实中，中国直接投资是技术溢出得以实现的直接原因。综合来看，中国对非洲直接投资的增加可以推动基础设施水平改善，从而促进农业TFP提高。由此可以得出，中国对非洲直接投资不仅直接对非洲产生农业技术溢出效应，而且中介效应存在，能够提高基础设施水平而间接促进技术溢出。中国直接投资对非洲农业TFP的总效应为0.0462，其中中介效应为0.0225，直接效应为0.0237，中介效应占总效应比例为48.7%，中介效应略小于直接效应。

值得注意的是，方程（6-16）实际上与方程（5-6）相同，即中介效应模型是建立在上一章的模型（5-6）之上的，从中介效应模型结果来看，各项系数与显著性水平与式（5-6）的回归结果一致，并没有否定模型（5-6）的回归结果。

中国对非洲直接投资通过提高非洲基础设施水平这一中介效应进而产生技术溢出作用，这与Fan et al.（2004）、Hulten（2006）、刘生龙等（2010）、刘秉镰等（2010）、王自锋等（2014）等以及吴清华等（2015）研究结果相似。虽然有相关研究强调外商直接投资对国内投资具有挤出效应，进而影响本国技术发展（李艳丽，2010），然而这些文献分析的多是发达国家对发展中国家投资的影响。而中国对非洲直接投资的农业技术溢出体现的是发展中国家对发展中国家的影响，是典型的南南合作，能够促进发展中国家共同发展、互惠共赢，体现发展中国家之间共同的利益诉求。

从基础设施水平来看，农业技术的吸收扩散需要相对便捷的交通设施、使用者之间的通信交流、充足的能源供应。发达的交通运输，方便快捷的通信等基础设施可以促进外国技术在本国的溢出，唐海燕等（2009）发现良好的基础设施条件，可以提高企业的技术水平，推动其在国际间分工的地位向上移动，边志强等（2015）研究也发现良好的基础设施可以使当地的企业更好地从国际研发投资中获得技术溢出。一般认为基础设施水平的提升，可以对外商直接投资形成显著的集聚效应，基础设施水平高的国家，更容易获得国际R&D技术溢出，进而提高农业生产技术水平。基础设施水平关系着国家经济发展的速度与效率。良好的基础设施能够促进经济长远发展，反之则会起到限制作用。发展中国家的经济发展受制于本国较为落后的基础设施建设，特别是非洲地区，落后的基础设施很大程度上制约了本国经济的发展。从电力基础设施来看，非洲面临着较大的电力缺口，随着非洲城镇化的推进，大量人口从农村转移到城镇，使城镇电力供应面临极大压力，而对于农村来说，很多村庄没有发电设施，照明需要蜡烛或者煤油，制约了农业生产率的提高。基础设施是中国向非洲直接投资的重要领域，近5年平均投资额占对非洲直接投资总额的30%以上，是非洲基础设施最大的投资者，显示了中国对非洲国家基础设施建设的投资力度，促进当地基础设施改善，优化农业生产要素投入结构，降低要素投入和物流等生产成本，并且随着互联网、交通设施的改善，加速农业技术的扩散。

6.5.2 非洲不同收入水平国家的中介效应模型结果分析

根据《非洲发展报告（2015）》的估计，2011—2040年非洲基础设施建设缺口将高达3600亿美元，通常情况下收入较低的国家由于财政资金收入不足，导致缺口较大，吸引外资可能对当地基础设施水平的提高具有较大的弹性。根据收入水平将非洲国家进行分类，以进一步检验中国对非洲直接投资对不同收入国家的农业技术溢出中介效应。因此将样本国家分为中高收入地区、中低收入地区和低收入地区3个区域，如表6-4所示。

表6-4　中国直接投资对不同收入非洲国家的农业技术溢出中介效应

项目	中高收入国家			中低收入国家			低收入国家		
	TFP	INFRA	TFP	TFP	INFRA	TFP	TFP	INFRA	TFP
$\ln S^{FCHN}$	0.0631***	0.1993***	0.0424***	0.0541***	0.2333***	0.0267***	0.0387***	0.2635***	0.0191***
	(0.0219)	(0.0429)	(0.0131)	(0.0120)	(0.0444)	(0.0131)	(0.0134)	(0.0569)	(0.0036)
$\ln INFRA$			0.1039*			0.1174			0.0744
			(0.0675)			(0.1003)			(0.0759)
$\ln S^{CHN}$	0.0331***	0.0062	0.0317***	0.0298***	0.0036	0.0323***	0.0428***	0.0009	0.0185***
	(0.0078)	(0.0041)	(0.0098)	(0.0100)	(0.0039)	(0.0110)	(0.0137)	(0.0011)	(0.0066)
$\ln S^{D}$	0.2774***	0.0023	0.2800***	0.2033***	0.0374	0.1478***	0.1004*	0.0017	0.1088**
	(0.0600)	(0.0018)	(0.0448)	(0.0656)	(0.0308)	(0.0278)	(0.0557)	(0.0013)	(0.0516)
$\ln S^{ROW}$	0.0779***	0.0092	0.0826***	0.0837***	0.0064	0.0783***	0.0711***	0.0024	0.0536***
	(0.0218)	(0.0092)	(0.0157)	(0.0104)	(0.0045)	(0.0270)	(0.0114)	(0.0021)	(0.0118)
$\ln S^{FROW}$	0.1022***	0.0997**	0.1125***	0.1218***	0.1344*	0.1288***	0.0626***	0.0722*	0.0578***
	(0.0164)	(0.0443)	(0.0385)	(0.0347)	(0.0755)	(0.0292)	(0.0119)	(0.0422)	(0.0095)

(续表)

项目	中高收入国家			中低收入国家			低收入国家		
	TFP	INFRA	TFP	TFP	INFRA	TFP	TFP	INFRA	TFP
lnCAP	0.1077***	0.3289***	0.1018***	0.1151***	0.2272***	0.1098***	0.0628***	0.2114***	0.0448***
	(0.0149)	(0.0627)	(0.0098)	(0.0356)	(0.0549)	(0.0343)	(0.0121)	(0.0675)	(0.0067)
lnGOV	−0.0052	−0.0081*	−0.0066	−0.0048	−0.0093	−0.0085	−0.0102	0.0102*	−0.0997
	(0.0037)	(0.0045)	(0.0049)	(0.0039)	(0.0113)	(0.0095)	(0.0066)	(0.0063)	(0.0706)
cons	3.5706***	−2.3829***	3.2453***	3.0853***	−1.9948***	2.6327***	2.9245***	−2.0944***	3.0013***
	(0.4865)	(0.6271)	(1.0026)	(1.0466)	(0.4699)	(0.4153)	(0.5695)	(0.4177)	(0.8519)
Adjusted R^2	0.9063	0.7904	0.8977	0.9108	0.8016	0.8742	0.8975	0.8042	0.8859
F	39.2434***	30.2457***	49.2295***	44.0876***	36.8792***	46.4356***	38.2963***	28.5309***	41.09854***

注：*、**和***分别代表10%、5%和1%的显著性水平。

表6-4为中国对非洲不同收入水平国家直接投资的农业技术溢出中介效应结果。对于中高收入地区，中国对其直接投资的农业技术溢出效果显著，方程（6-18）结果显示控制基础设施中介变量后，中国非洲直接投资的农业技术溢出效果显著降低，基础设施水平的中介效应显著，对农业TFP的中介效应为0.0207，占总效应比例为32.8%。对于非洲中低收入地区，当中国直接投资增加1个单位，该地区农业TFP可以提高0.0541个单位，方程（6-18）结果显示控制中介变量后，中国对非洲直接投资的农业技术溢出效果降低，其中基础设施水平起到了显著的中介效应，占总效应比例为50.6%。对于非洲低收入地区，当中国对非洲直接投资增加1%，农业TFP可以提高0.03%，方程（6-18）结果显示控制中介变量后，中国对非洲直接投资的农业技术溢出效果显著降低，基础设施水平发挥更大的中介效应，为0.0196，占总效应比例为50.6%。

根据以上结果可知，在收入水平不同的3个地区，对于中高收入地区，中国对非洲直接投资的农业技术溢出效果最明显，总效应和直接效应最大，而基础设施的中介效应最小；在中低收入和低收入地区则相反。这可能是因为在收入相对较高的地区，基础设施水平也相对较好，中国对非洲直接投资对基础设施水平提高的边际效应也相应较小。但由于基础设施水平相对较好，其经济发展、技术扩散的潜力更大，中国对其大规模的基础设施投资改善了当地的营商环境，吸引了更多的资本，发挥了更大的乘数作用，因此对农业TFP的总效应最高。而在收入较低的国家，由于基础设施水平相对较差，中国对其基础设施投资，将起到更为明显的改善作用，因此中国对非洲直接投资对基础设施水平的弹性更高，通过基础设施影响农业TFP

的中介效应也就更大。

6.6 稳健性检验

中介效应模型结果显示，中国对非洲直接投资每增加 1 个单位，将显著提高非洲基础设施水平指数 0.03 个单位，对非洲的基础设施有显著的改善作用；中国对非洲的直接投资不仅直接对非洲产生农业技术溢出效应，而且中介效应存在，能够提高基础设施水平而间接促进技术溢出；基础设施水平对农业 TFP 的中介效应为 0.0225，占总效应比例为 48.7%。

本节将选择直接投资的代理变量，对上述结果进行稳健性检验。对外承包工程（Foreign Contructed Projects，FCP）是对外经济合作的重要方式之一，是一种参与国际竞争的方式，集技术贸易、货物贸易等为一体，可以带动对外投资，提高企业国际竞争力，是一种双方参与度更高的国际经济合作。中国在非洲对外承包工程以基础设施建设为主，例如中国中铁股份有限公司与刚果（金）签署协议，对其进行基建投资；中国建筑股份公司在埃塞俄比亚承建商业设施等。通过在非洲实施承包工程，对其交通、能源、学校等基础设施进行承包建设，往往与直接投资紧密结合，并带动直接投资。因此本节将以 2003—2017 年中国对非洲承包工程完成金额为解释变量，代替直接投资以进行稳健性检验，依然采取式（6-16）~式（6-18）所示的中介效应模型。结果如表 6-5 所示，回归结果与前文一致，即中国 FCP 对非洲农业 TFP 存在中介效应，其中基础设施为中间变量，直接效应为 0.0184，中介效应为 0.0204，占总效应的 52.6%。由此可认为，中国对非洲直接投资的农业技术溢出效应稳健，且基础设施在技术溢出过程中起到了中介作用。

表 6-5 稳健性检验结果

项目	TFP	INFRA	TFP
$\ln FCP$	0.0388***	0.2783***	0.0184***
	(0.0130)	(0.0682)	(0.0027)
$\ln INFRA$			0.0733
			(0.0516)
$\ln S^{CHN}$	0.0390***	0.0016	0.0322***
	(0.0123)	(0.0015)	(0.0045)

(续表)

项目	TFP	INFRA	TFP
$\ln S^D$	0.1662***	0.0174	0.1540***
	(0.0331)	(0.0131)	(0.0462)
$\ln S^{ROW}$	0.0796***	0.0029	0.0826***
	(0.0275)	(0.0042)	(0.0172)
$\ln S^{FROW}$	0.0692***	0.1345*	0.0651***
	(0.0199)	(0.0715)	(0.0105)
$\ln CAP$	0.0700***	0.2226**	0.0449***
	(0.1354)	(0.1114)	(0.0111)
$\ln GOV$	-0.0141	-0.0314	-0.0117*
	(0.0128)	(0.0324)	(0.0068)
cons	3.1415***	-2.7684***	3.4355***
	(1.0542)	(0.9152)	(1.1028)
Adjusted R^2	0.7926	0.8011	0.8105
F	41.6074***	33.7636***	36.5725***

注：*、**和***分别代表10%、5%和1%的显著性水平。

6.7 本章小结

通过构建中介效应模型，检验了中国对非洲直接投资的农业技术溢出中介路径，发现基础设施在其中起到中介作用，即中国对非洲直接投资有助于完善基础设施水平，并进而对农业 TFP 的提高有促进作用。首先通过交通、能源、通信和农村基础设施的细分指标，构建了非洲基础设施水平指数，以代表农村非洲基础设施水平，之后以基础设施水平为中介变量，检验中国对非直接投资的农业技术溢出效果。第一，中国对非洲直接投资不仅直接影响非洲农业 TFP，还通过提高基础设施水平而间接产生影响，基础设施在溢出过程中起到中间路径传递的作用，即中介效应。中国直接投资对非洲农业 TFP 的总效应中，中介效应占总效应比例为 48.7%，略小于直接效应；第二，对非洲国家按照不同收入水平分类，分别进行中介模型回归，并将结果进行对比后，得出相比于非洲中高收入地区，在中低收入地区和低收入地区，中国直接投资对其基础设施水平的提高具有更大的作用，并进而对农业 TFP 产生更大作用。

7
非洲技术吸收能力对农业技术溢出效应的影响分析

本章根据相关理论和文献，选取表征非洲的技术吸收能力指标，包括农业研发水平和人力资本水平，分别从技术的引进和吸收 2 个阶段，考察中国农产品出口和直接投资农业技术溢出的门槛效应。

7.1 引　　言

发展中国家可通过进口和吸引外商直接投资，引入外国技术以促进自身技术进步和创新，但若要引进的外国技术发挥效果，需要技术接受国具有一定的吸收能力，将国外技术与本国相结合，才能产生技术溢出的最大效用。许多学者发现技术吸收国的吸收能力不同会使技术溢出效应产生差异。吸收能力表现为人力资源、基础设施、政策措施和制度因素等禀赋。

虽然有研究证实了贸易和外商直接投资具有技术溢出作用，但这一溢出与"中间因素"密切相连，对这一"中间因素"探讨最多的是东道国的吸收能力（Smeets，2008），Cohen et al.（1989）将对外来新技术的吸引、消化、模仿和学习能力称为"吸收能力"。学者们对吸收能力的内涵做了广泛研究，Helliwell（1992）将一个国家的吸收能力定义为贸易开放程度；Wang et al.（2003）指出，人力资本水平是影响一国吸收外商直接投资技术的重要因素；李杏（2007）认为，一国对外商直接投资技术的吸收能力取决于该国的经济开放程度、人力资本、基础资源等方面；葛小寒等（2009）认为国际 R&D 技术溢出效应取决于制度、国内 R&D 强度和人力资本。Findley（1978）认为东道国的技术越落后，即投资国和东道国的技术差距越大，技术溢出效应越显著；Cohen et al.（1989）的研究发现，技术作为一种生产要素，与企业的研发能力息息相关，具有良好研发能力的企业往往能够发展出更多的技术创新，形成技术研发路径和良性循环，同时也增强了对外来新技术的吸引、消化、模仿和学习能力，并从中获益。Grossman et al.（1991）指出在贸易中，进口贸易带来的外国技术并非都能够被本国采用，只有在本国吸收能力之内的技术才有可能对本国技术进步发生有效的影响。Alfaro et al.（2006）通过 19 个发达国家和 43 个发展中国家的样本，得出外商直接投资本身对 TFP 增长没有作用，但在金融市场发展水平较高的国家，外商直接投资会发生技术溢出作用，因此东道国当地企业应该进行重组，购买新设备，雇佣高技术水平的劳动力。Baltabaev（2014）研究了美国对 21 个发达国家和 28 个发展中国家的 FDI 作用，发现只有人均 GDP 较低的国家，外商直接投资才对 TFP 有正向作用，且技术差距越大，通过外商直接投资提高生产率的机会越大，因此对于发展中国家来说，外商直接投资是提高生产率的重要资源。Balasubramanyam et al.（1996）发现在更为开放的国家，外商直接投资对增长的作用更显著。

综上可见，在文献中，被强调的最多一项吸收能力是人力资本（Xu，2000；符宁，2007），对于非洲来说，现有关于人力资本和国外技术吸收关系的研究却并不多见（Cleeve et al. 2015），其中 Suliman et al.（2009）和 Kinda（2013）根据微观企业层面的数据，讨论了非洲的人力资本水平对 FDI 的吸收能力，而对于非洲国家人力资本的研究中，最主要的问题是没有构建合适的人力资本指标。此外，基础设施也被认为是影响吸收能力的一项重要因素（Olofsdotter，1998），非洲多数国家交通设施薄弱，且分布不平衡，严重制约着生产要素的自由有效流动，制约经济社会的可持续发展，因此对外来技术的吸收可能受到较大影响。

通常只有当技术接受国的吸收能力各指标达到一定水平时，国际技术溢出才能发生作用，这一现象被 Borensztein et al.（1995）称为"门槛效应"，出口和外商直接投资对农业技术的溢出最低标准就是门槛值。鉴于此，本章将以非洲吸收能力作为门槛变量。检验中国对非洲农产品出口和直接投资技术溢出作用的门槛效应，为中国对非洲农产品出口以及直接投资的规模、流量以及国家选择做出一定的参考。在吸收能力指标方面，选取农业研发水平和人力资本水平表征吸收能力。其中，农业研发水平可看作是技术溢出过程中的第一阶段，即对技术的引进；人力资本水平为第二阶段，即对技术的吸收。因此以农业研发水平和人力资本水平作为门槛变量，可以从技术吸收的2个阶段出发（图7-1），从动态角度考察中国对非洲农产品出口和直接投资的农业技术溢出门槛效应，以便为农业技术溢出效应最大化提供更多的政策参考。

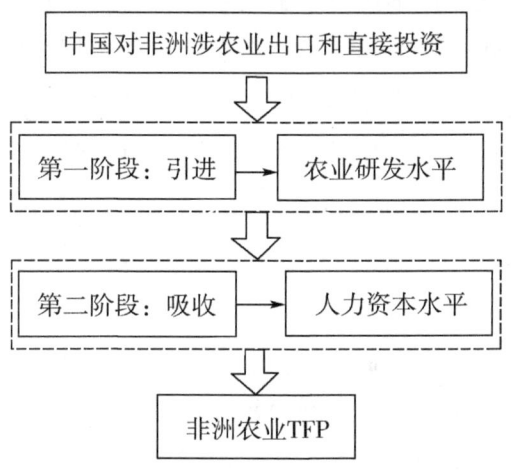

图 7-1 技术吸收各阶段变量关系

7.2 理论分析

技术吸收国需要具备一定的吸收能力，方能从外商直接投资中获得技术溢出，根据国内外文献，吸收能力包括该国的经济和技术基础。限于非洲地区的数据情况，本书将选取以下变量作为吸收能力的代表：农业研发水平和人力资本水平。具体原因分析如下。

（1）农业研发水平

技术差距理论由 Posner（1961）提出，认为技术差距是国际贸易的基础，国家之间的技术转移是国际经济交流的重要组成部分。由于经济、技术水平的差距，发达国家和发展中国家之间存在着技术差距，发达国家往往具有技术优势，从而向发展中国家出口技术密集型产品，进而出现技术贸易的形式（刘梦琪，2008）。技术处于落后地位的国家总要努力获得先进的技术，以增强自身优势，提高国际地位，这为通过国际贸易的方式进行技术转移提供了前提和基础；而技术先进的国家为了保持优势地位和现有利益，也总是千方百计发展新技术，增强自身实力。由于经济发展水平快，消费者收入高，消费市场扩大，因此新技术的开发多产生在发达国家。新技术开发后，在本国加以推广试销，不断加以完善，形成国家的技术优势，成为技术领先国，而对于自身技术水平无法满足本国需求的国家，将大量进口新技术或产品，因此产生了以技术为基础的国际贸易和国际直接投资。通过国际贸易和投资，新的技术和产品在进口国产生了示范效应，再加上国际直接投资在内的国际技术流动，进口国将模仿这些新的技术和产品，与技术领先国的技术差距逐渐减小并消失，贸易量也随之结束（邓慧君 等，2008）。多数学者一致认为技术领先国和落后国之间的技术差距应适当，如果差距太小，则可供学习的空间太小；如果差距太大，则落后国无法利用（Magnus et al., 2003），或者落后国对技术较低的吸收能力将限制技术转移效果（Glass et al., 1998）。因此适当的技术差距有利于技术转移效果的最大化。

东道国农业技术研发水平对技术溢出效果有不同的结论：一方面，当东道国农业研发水平较低时，其与跨国企业之间通常会存在较大的技术差距，因此技术溢出的空间和潜力更大，跨国企业的新农业技术和管理经验对东道国来说都可能产生较大的技术溢出；另一方面，若东道国自身的农业研发水平过低，无法有效吸收和掌握跨国企业的技术，则贸易和投资技术溢出作用将受到限制。反之，若东道国具有一定的农业研发水平，则可以更好地模仿跨国企业的生产技术和管理经验，且能主动学习和研发新技术，国际技术溢出也将越显著。总之，当东道国农业研发水平越高，国际的技术溢出效果则越强。反之，当东道国农业研发水平过低，国际贸易和投资不仅不会产生显著的技术溢出作用，甚至可能挤占当地市场，阻碍技术进步。

(2) 人力资本水平

人力资本促进技术进步包含3个方面的作用：对技术的需求效应、收入效应以及替代效应。第一，从对技术的需求效应来说，是指社会经济活动中，能够应用到生产实践的新技术对新的劳动技能和新形式的物质资本产生的强烈需求。首先，当一国人力资本水平较低，即劳动者知识、技能水平较低时，从国外引进的先进生产方式、先进的技术手段和科学管理经验观念等，不容易被本国劳动者消化吸收。反之，当一国人力资本水平较高时，有更高的能力去吸收和利用国外先进的生产技术和管理观念，劳动力在生产中实现"干中学"，从而进一步推动本国劳动力水平，并促进经济发展。人力资本水平的提高不仅能够提高生产技术水平，还可产生联动效应，增加其他生产要素的投入，例如以物质资本为主的要素种类和数量，扩大资本要素投入的范围，并积极利用外来先进资本要素，从而带动产出水平的进一步上升。在人力资本水平较低的时候，一些要素和资源并不能有效投入生产，但人力资本水平提高后，这些要素和资源可得到有效利用，并在生产中充分发挥作用。

第二，从人力资本的收入效应来说，通常具有更高生产力的劳动者受过更多的教育和培训，知识和技能水平较高，因此具有更高的分辨能力，可以有效并准确地把握投资获利机会，是经济健康可持续发展不可缺少的条件。高水平的人力资本和人才培养教育环境，对经济增长起着重要的推动作用，是社会经济发展的不竭驱动力。

第三，从人力资本的知识替代效应来说，是指高水平的人力资源要素可以在一定程度和一定比例上替代其他物质资本等生产要素。当一国物质资本禀赋不足或出现短缺时，使用人力资本替代可以保持经济稳定增长和技术进步，发挥人力资本的补充作用，克服资源要素短缺的问题。

综上所述，农业研发水平和人力资本水平可分别看作是非洲技术吸收能力的2个阶段，即引进和吸收阶段。

7.3 门槛模型构建与变量说明

7.3.1 门槛模型设定

借鉴门槛面板模型的方法,对中国对非洲农产品出口和 FDI 构建以吸收能力为门槛变量的技术溢出门槛模型,首先假设存在双门槛效应,后续在实证部分进行门槛真实性检验,进而判断选择几个门槛值,模型形式如下:

$$\ln TFP_{it} = \alpha_0 + \alpha_1 \ln S_{it}^{CHN}(q_{it} \leq r_1) + \alpha_2 \ln S_{it}^{CHN}(r_1 < q_{it} \leq r_2) + \\ \alpha_3 \ln S_{it}^{CHN}(q_{it} > r_2) + \alpha_3 \ln S_{it}^{FCHN} + \alpha_4 \ln S_{it}^{D} + \alpha_5 \ln S_{it}^{ROW} + \\ \alpha_6 \ln S_{it}^{FROW} + \alpha_7 \ln CAP_{it} + \alpha_8 \ln GOV_{it} + \varepsilon_{it} \quad (7-1)$$

$$\ln TFP_{it} = \alpha_0 + \alpha_1 \ln S_{it}^{FCHN}(q_{it} \leq r_1) + \alpha_2 \ln S_{it}^{FCHN}(r_1 < q_{it} \leq r_2) + \\ \alpha_3 \ln S_{it}^{FCHN}(q_{it} > r_2) + \alpha_4 \ln S_{it}^{CHN} + \alpha_5 \ln S_{it}^{D} + \alpha_6 \ln S_{it}^{ROW} + \\ \alpha_7 \ln S_{it}^{FROW} + \alpha_8 \ln CAP_{it} + \alpha_9 \ln GOV_{it} + \varepsilon_{it} \quad (7-2)$$

式(7-1)为中国对非洲农产品出口农业技术溢出的门槛效应模型,式(7-2)为中国对非洲直接投资农业技术溢出的门槛效应模型。式(7-1)和式(7-2)中,TFP_{it} 为非洲农业全要素生产率;S_{it}^{CHN} 为中国对非洲农产品出口的 R&D 存量;S_{it}^{FCHN} 为中国对非洲直接投资的 R&D 存量;q_{it} 为代表吸收能力的门槛变量,分别为农业研发水平和人力资本水平;r_1 和 r_2 分别为待估门槛值;ε_{it} 为随机干扰项,i 代表国家,t 代表年份;X 为控制变量,包括非洲国家农业 R&D 存量、世界其他国家对非洲的农产品出口和直接投资 R&D 存量、非洲国内投资存量、非洲国家政治风险。

在进行门槛回归时,有 2 个问题须注意:第一是门槛值的确定,原假设为不存在门槛效应,对此 Hansen 采用 bootstrap 法进行多次可放回的重复抽样,计算原假设出现的概率,并进行似然比检验,得到 P 值和近似统计检验的临界值。如果抽样的结果显示可以拒绝原假设,就可以认为模型存在门槛效应;第二是门槛值的真实性检验,对于似然比 LR(r)指标,由于其不服从标准卡方分布,可以根据 Hansen 构建的门槛值非拒绝域来检验,当显著性水平为 α 时,r 的非拒绝域可以依据 LR(r)$\leq -2\ln[1-\text{sprt}(1-\alpha)]$ 解得,当门槛值所得到的 LR 统计量比临界值小的时候就可以认为估计得到的门槛值等于真实值。

7.3.2 变量与数据说明

(1) 被解释变量：非洲国家农业 TFP_{it}

非洲国家农业 TFP 为第四章 DEA-Malmquist 指数方法测算的结果。

(2) 门槛依赖变量：中国对非洲农产品出口和直接投资的 R&D 存量 S_{it}^{CHN}、S_{it}^{FCHN}

中国对非洲农产品出口和直接投资的 R&D 存量 S_{it}^{CHN}、S_{it}^{FCHN} 的确定见 5.3.2 节，此处不再赘述。

(3) 门槛变量：非洲技术吸收能力 S_{it}^{D}、HDI_{it}

根据上一小节的分析，选取以下指标作为门槛变量。

- 农业 R&D 投入存量 S_{it}^{D}

本书采用东道国农业 R&D 投入存量代表农业研发水平。有研究认为一国内部研发投入的高低一定程度上决定了从外部研发中的获益程度，Cohen et al. (1989) 强调国内研发投入对提高吸收能力、吸收外部知识至关重要，许多学者也都论证了一国研发投入的重要性 (Griffith et al., 2004)。数据来源见 5.3.2 节所述。

- 人力资本水平 HDI_{it}

人力资本的度量尚未形成统一的方法，很多学者采用不同的估算方法对人力资本存量进行估算，包括受教育年限法（崔玉平，2000；胡永远，2003；Wang et al., 2003）、教育经费法（蔡增正，1999）、各级教育入学率（Barro, 1989）、成人识字率（Romer et al., 1986）。以上方法都将教育水平作为人力资本形成的重要因素。教育通过提高劳动力技能而促进就业，提高整个经济的技术水平（Pegkas et al., 2014），建立健全的教育系统、加强教育投资是促进经济增长的最重要途径。同时，健康对人力资本也是重要的影响因素，是劳动力能发挥劳动技能、产生经济价值的基本保障。诺贝尔经济学奖得主罗伯特·福格尔（Robert Fogel）认为，营养健康情况的改善对经济增长和劳动效率的提高具有重要作用。健康的劳动者寿命较长，因此更愿意加强教育投入，因为投入回报更为长久（Thomas et al., 2002）。由于非洲国家教育统计数据缺失较多，且健康和寿命在人力资本中具有重要作用，因此，本章选取人类发展指数（Human Development Index, HDI）表征人力资本水平。联合国开发计划署（UNDP）在《1990 年人文发展报告》中提出了 HDI，是以预期寿命、教育水平和生活质量为基础变量，按照加权平均的计算方法得出的综合指标，

1990 年后联合国开发计划署每年发布 HDI 以衡量各国的人类发展水平。进入 21 世纪以来,非洲各国 HDI 及其构成变量——预期寿命、国民收入和识字率都有显著增长,人类发展水平显著提高。非洲人力资本水平以 HDI 指数表征,数据来自 WDI 数据库。

(4) 控制变量

非洲国内农业研发投入存量 S_{it}^D,世界其他国家对非洲的农产品出口和直接投资 R&D 存量 S_{it}^{ROW}、S_{it}^{FROW},非洲国内投资(CAP),政治风险(GOV)。此外需注意的是,在式(7-1)中,中国对非洲直接投资的 R&D 存量 S_{it}^{FCHN} 为控制变量,式(7-2)中,中国对非洲农产品出口的 R&D 存量 S_{it}^{CHN} 为控制变量。数据来源见 5.3.2 节所述。

根据数据可获得性,本章选取样本时间跨度为 2003—2017 年,样本国家选取与第五章相同,即 30 个非洲国家。表 7-1 所列为书中所使用变量的含义及描述性统计分析。表 7-2 为门槛估计真实性检验结果。

表 7-1 变量含义及描述性统计分析

变量	变量含义	均值	标准差	最小值	最大值
$\ln TFP$	农业全要素生产率	0.0208	0.1926	-0.2107	0.2776
$\ln S^{FCHN}$	中国对非洲直接投资 R&D 存量	7.6076	1.7901	3.6094	12.1892
$\ln S^{CHN}$	中国对非洲农产品出口 R&D 存量	6.8836	1.4527	2.1852	10.2287
$\ln S^D$	非洲国内农业 R&D 存量	14.2824	4.1506	1.3481	22.9146
$\ln HDI$	人力资本水平	-0.7534	0.2118	-1.3783	-0.2357
$\ln S^{ROW}$	世界其他国家对非洲农产品出口 R&D 存量	8.9613	2.0059	4.0794	13.8207
$\ln S^{FROW}$	世界其他国家对非洲直接投资 R&D 存量	14.6629	1.8150	7.4170	19.2353
$\ln CAP$	非洲洲国内投资	14.5971	1.5134	10.6319	18.3155
$\ln GOV$	非洲政治风险程度	2.2343	0.0764	2.0180	2.4174

7 非洲技术吸收能力对农业技术溢出效应的影响分析

表 7-2 门槛估计真实性检验结果

门槛变量	单一门槛		双重门槛		多重门槛	
	F	P	F	P	F	P
$\ln S^D$	11.1455	0.5254	21.3561***	0.0021	6.8024	0.5822
$\ln HDI$	25.0978***	0.0000	8.1345	0.4255	7.4569	0.5626

注：*** 代表1%的显著性水平。

结果发现，农业研发投入存在双重门槛，人力资本水平存在单一门槛。因此对农业研发投入进行双门槛检验，对人力资本水平进行单门槛检验。对门槛效应是否存在进行检验之后，对门槛值估计结果进行分析，如表7-3所示。农业研发水平的第一门槛值为6.8345，第二门槛值为7.9322；人力资本水平的门槛值为-0.8277。

表 7-3 门槛估计值确定

项目	$\ln S^D$	$\ln HDI$
第一门槛值	6.8345	-0.8277
第二门槛值	7.9322	NA

估计出门槛值后，对模型（7-1）进行门槛回归，得到以非洲两阶段技术吸收能力为门槛变量的中国农产品出口技术溢出结果，如表7-4所示，其中（1）、（2）列分别表示以农业研发投入、人力资本水平为门槛变量的回归结果。

表 7-4 中国对非洲农产品出口技术溢出的门槛效应回归结果

项目	以研发投入为门槛变量的回归结果（1）	以人力资本为门槛变量的回归结果（2）	基准回归结果
$\ln S^{CHN}$			0.0356***
			(0.0109)
$\ln S^{CHN}$ ($q_1 \leq r_1$)	0.0242		
	(0.0217)		
$\ln S^{CHN}$ ($r_1 < q_1 \leq r_2$)	0.0539***		
	(0.0186)		
$\ln S^{CHN}$ ($q_1 > r_2$)	0.0308		

（续表）

项目	以研发投入为门槛变量的回归结果（1）	以人力资本为门槛变量的回归结果（2）	基准回归结果
	（0.0212）		
$\ln S^{CHN}$ ($q_2 \leqslant r_1$)		0.0384	
		（0.0290）	
$\ln S^{CHN}$ ($q_2 > r_2$)		0.0492***	
		（0.0167）	
$\ln S^{FCHN}$	0.0502***	0.0499***	0.0462***
	（0.0155）	（0.0095）	（0.0154）
$\ln S^{D}$	0.0894**	0.0833***	0.1580***
	（0.0426）	（0.0208）	（0.0428）
$\ln S^{ROW}$	0.0779***	0.0802***	0.0822***
	（0.0188）	（0.0232）	（0.0179）
$\ln S^{FROW}$	0.0703***	0.0799**	0.0737***
	（0.0111）	（0.0375）	（0.0149）
$\ln CAP$	0.0883***	0.0901***	0.0698***
	（0.0141）	（0.0207）	（0.0249）
$\ln GOV$	（0.0313）	（0.0284）	（0.0082**）
	（0.0341）	（0.0323）	（0.0038）
常数项	2.2522***	2.6345***	2.3952***
	（0.0463）	（0.0275）	（0.0819）

注：**和***分别代表5%和1%的显著性水平。

从农业研发水平来看，即农业技术的引进阶段，当农业研发水平低于第一门槛值3.8345时，中国对非洲农产品出口的技术溢出系数为0.0242，未通过显著性检验；农业研发水平高于第一门槛值而小于第二门槛值7.9322时，该系数为0.0539，通过了1%显著性水平检验；农业研发水平高于第二门槛值时，技术溢出系数为0.0308，未通过显著性检验。结果表明，非洲农业研发水平的高低对中国出口农产品R&D存量的吸收能力具有双门槛效应，对农业研发水平过低和较高的国家，中国出口的一些农业技术可能并不适合非洲国家引进，或者引进效果不好，导致无法对非洲农业TFP产生溢出作用。

从人力资本水平来看,即农业技术的吸收阶段,当人力资本水平低于门槛值-0.8277时,中国对非洲农产品出口的技术溢出系数为0.0384,未通过显著性检验;人力资本水平高于门槛值时,该系数为0.0492,通过了1%显著性水平检验。结果表明,非洲人力资本水平的高低影响技术的吸收,对中国出口农产品R&D存量的吸收能力具有门槛效应,只有人力资本水平达到一定门槛水平时,中国农产品出口才能对非洲农业技术发挥显著的溢出作用。

7.4 中国对非洲直接投资农业技术溢出的门槛效应结果分析

本小节检验中国对非洲直接投资农业技术溢出的门槛效应,首先就门槛值是否存在以及存在的个数问题进行检验,得到的统计结果见表7-5。结果发现,人力资本水平存在双重门槛,农业研发水平存在单一门槛。因此对人力资本水平进行双门槛检验,对农业研发水平进行单门槛检验。

表7-5 门槛估计真实性检验结果

门槛变量	单一门槛		双重门槛		多重门槛	
	F	P	F	P	F	P
$\ln S^D$	28.3466***	0.0000	7.4625	0.2856	6.6124	0.4430
$\ln HDI$	9.2652	0.8834	23.6582***	0.0000	5.9875	0.4572

对门槛效应是否存在进行检验之后,对门槛值估计结果进行分析,如表7-6所示。农业研发水平的门槛值为5.0958;人力资本水平的第一门槛值为-1.1144,第二门槛值为-0.5088。

表7-6 门槛估计值确定

项目	$\ln S^D$	$\ln HDI$
第一门槛值	5.0958	-1.1144
第二门槛值	NA	-0.5088

估计出门槛值后,模型(7-2)进行门槛回归,得到以非洲吸收能力为门槛变

量的中国对非洲直接投资农业技术溢出的结果,如表 7-7 所示,其中(1)和(2)列分别表示以农业研发投入和人力资本水平为门槛变量的回归结果。

表 7-7 中国对非洲直接投资技术溢出的门槛效应回归结果

项目	以研发投入为门槛变量的回归结果（1）	以人力资本为门槛变量的回归结果（2）	基准回归结果
$\ln S^{FCHN}$			0.0462***
			(0.0154)
$\ln S^{FCHN}$ ($q_1 \leq r_1$)	0.0324		
	(0.0323)		
$\ln S^{FCHN}$ ($q_1 > r_1$)	0.0577***		
	(0.0092)		
$\ln S^{FCHN}$ ($q_2 \leq r_1$)		0.0217	
		(0.0268)	
$\ln S^{FCHN}$ ($r_1 < q_2 \leq r_2$)		0.0682***	
		(0.0090)	
$\ln S^{FCHN}$ ($q_2 > r_2$)		0.0398	
		(0.0280)	
$\ln S^{CHN}$	0.0389***	0.0488***	0.0356***
	(0.0054)	(0.0161)	(0.0109)
$\ln S^D$	0.0806**	0.0867*	0.1580***
	(0.0094)	(0.0200)	(0.0428)
$\ln S^{ROW}$	0.0418***	0.0556***	0.0822***
	(0.0129)	(0.0131)	(0.0179)
$\ln S^{FROW}$	0.0427***	0.0606***	0.0737***
	(0.0108)	(0.0105)	(0.0149)
$\ln CAP$	0.0733*	0.0588**	0.0698***
	(0.0412)	(0.0263)	(0.0249)
$\ln GOV$	−0.0263*	−0.0019*	−0.0082**

(续表)

项目	以研发投入为门槛变量的回归结果（1）	以人力资本为门槛变量的回归结果（2）	基准回归结果
	(0.0154)	(0.0011)	(0.0038)
cons	0.2522***	0.3244**	2.3952***
	(0.0463)	(0.1395)	(0.0819)

注：*、**和***分别代表10%、5%和1%的显著性水平。

从农业研发水平来看，即农业技术的引进阶段，当农业研发水平低于门槛值5.0958时，中国对非洲直接投资的技术溢出系数为0.0324，未通过显著性检验；农业研发水平高于该门槛值时，该系数为0.0577，通过了1%显著性水平检验。结果表明，非洲农业研发水平的高低对中国直接投资的R&D存量的吸收能力具有门槛效应，当农业研发水平较低时，直接投资的技术溢出效果不显著。

从人力资本水平来看，即农业技术的吸收阶段，当人力资本水平低于第一门槛值-1.1144时，中国对非洲直接投资的技术溢出系数为0.0217，未通过显著性检验；人力资本水平高于第一门槛值而小于第二门槛值-0.5088时，该系数为0.0682，通过了1%显著性水平检验；人力资本水平高于第二门槛值时，技术溢出系数为0.0398，未通过显著性检验。结果表明，非洲人力资本水平对吸收中国直接投资的技术具有门槛效应，当人力资本水平过低和过高时，技术溢出效果均不显著。

7.5 进一步讨论

（1）非洲农业技术吸收能力对外来技术溢出门槛效应的讨论

从农业研发水平来看，Cohen et al.（1989）提出一国的研发能力与企业的吸收能力密切相关，Mansfield et al.（1981）、Guellec et al.（2003）发现本国研发密度和研发水平对外来技术在本国的技术溢出具有正相关性，Keller（2002）等也证明了此观点，即一国研发水平越高，外来技术溢出效应越大，对外来技术的吸收利用效果越好。引进外商直接投资虽然能够同时引入外国先进产品和知识技术，但这些知识和技术能否真正被东道国吸收和利用，还要取决于东道国的国内研发能力。研发能力正在成为各国吸收先进技术的基础要素，也是决定一国技术吸收能力的基础。欠发达国家生产技术水平低，其中重要原因是研发能力不足、研发力度不够以及研发结构不合理，不仅阻碍了本国技术创新，还不利于引进、吸收和利用发达国家的先进技术，较为低下的技术吸收能力使得国际技术溢出效应大打折扣。非洲国内农业研发能力平均水平较低，当非洲农业研发水平在一定的门槛区间时，中国对非洲的农业出口和直接投资能产生显著的溢出效果。值得注意的是，在吸引中国农产品出口技术方面，农业研发水平并不是越高越好，当超越第二门槛值时，农产品出口的技术溢出作用将不再显著，这可能是由于研发投入结构不合理，一部分研发投入无法及时转化为满足市场需求的成果，因而在短期内对生产率增长产生了负面影响。

从人力资本水平来看，进口和外商直接投资主要通过示范效应和竞争效应影响本国生产率，外商直接投资产生的示范效应是指，东道国引进外来管理和组织经验、先进观念和生产技术，通过对其模仿和学习，从而使引进的知识产生溢出效应，这一过程通常不会有较长的时滞，能够在短期内产生溢出，容易为生产者迅速接受。而竞争效应则是指引入的外来技术在短期内与国内市场形成了竞争，对国内产品产生了替代和挤出，从而不利于生产率的提高，然而从长期来看，外来先进技术的竞争将激励国内生产者进行自主创新，加强学习和研发投入，并最终推动国内生产率的增长。但竞争效应具有较长的时滞，且要求东道国具有一定的技术吸收能力。人力资本是影响各地区吸收能力的重要因素，吸收能力特别是人力资本水平是国外技术产生溢出的关键变量之一。如果东道国人力资本水平较高，则当地生产者可以更容易的模仿、消化吸收外来知识和技术，在面对外来产品和技术的竞争时，能够及时有效的调整生产结构，发挥比较优势。而如果东道国不具备相应的人力资本水平，则对先进技术的吸收能力不足，不容易发生溢出效果。因此，在人力资本水平较低的非洲国家，引进国外技术对本地区农业技术可能无法达到有效的溢出作用。随着人力资本质量的提升，在农业生产中，中高端人力资本占比提高，非洲农业生产者可以一方面通过学习先进技术和服务，另一方面通过调整和优化生产结构提升生产率，增加了生产者获取技术外溢效应的机会。此外，人力资本水平的提高还从主观上增强了生产者对技术外溢效应的吸收消化能力。这种协同作用使得外来技术对农业 TFP 增长的影响首先能够产生由不显著到显著的变化。

但随着人力资本水平的进一步提高，却并没有获得更大的技术溢出，这可能是因为在人力资本水平较高的国家，一方面中国直接投资更多的出现了竞争效应，损害了农业技术创新的积极性,另一方面可能是由于人力资本水平较高的国家吸引中国对其工业制造业进行大规模的投资,使高质量人才等生产要素流入制造业,从而使农业陷入次要地位。此外,还有可能是人力资本水平较高的国家往往更依赖于自主创新等因素,而不是吸引国外技术。

(2) 中国对非政策的启示与讨论

由于面板门槛模型类似一种动态检验,反映 30 个非洲国家在 2003—2017 年期间的动态情况,限于篇幅,仅以 2017 年为例。2017 年对于农产品出口这个技术溢出渠道来说,引进阶段和吸收阶段达到门槛水平的国家分别有 14 个和 25 个;对于直接投资技术溢出渠道来说,引进阶段和吸收阶段达到门槛水平的国家分别有 22 个和 24 个。这意味着仅从 2017 年来看,有部分国家未达到技术溢出的临界值,因此单纯的农产品出口和直接投资可能并不能使技术溢出效果达到最优。这启示中国加强对非洲援助,尤其是在人才培养和科学研究方面的援助,提高非洲国家对中国农业技术的吸收能力。

在人才培养方面,进入 2000 年以来,中国政府明显加大了对非洲的"软援助"力度,包括教育、培训和交流等。2000 年中非合作论坛上,中国宣布设立"非洲人力资源开发基金",开始加大对非洲国家人才培养的援助力度。此后,在每次中非合作论坛会议上,中国政府均提出各项人才培养规划和措施,培养领域包括教育、农业、医疗等各方面,具体的举措包括设立奖学金、加大培训规模、派遣专家和组织志愿者服务项目等。在农业专家派遣方面,自 2006 年 11 月中非农业合作论坛北京峰会后,中国向非洲国家派遣农业专家,对转移和示范中国农业技术、提高非洲农业生产水平产生了积极的作用。2006—2012 年,中国共向非洲派遣了 310 名农业专家,此后,中国又继续向非洲派遣了第二批农业专家。2015 年中非约翰内斯堡峰会上,中国提出为非洲提供 2000 个学历学位教育名额和 3 万个政府奖学金名额;每年组织 200 名非洲学者访华和 500 名非洲青年研修。2018 年中非合作北京峰会上,中国提出对非洲实施 50 个农业援助项目,向非洲派遣 500 名高级农业专家,培养青年农业科研领军人才和农民致富带头人。

在科学研究领域,中国提出了有力措施,应对非洲国家的发展需求,加强对非洲国家教育与科研合作领域的援助与合作。2009 年中非合作论坛第四届部长级会议的《中非合作论坛—沙姆沙伊赫行动计划(2010—2012 年)》中,中国明确提出帮助非洲提高自身科技能力,着重"软实力"发展,召开"中非合作论坛—科技论坛",启动"中非科技伙伴计划",实施 100 个联合研究和示范项目,接收 100 名非洲博士后来华进行科研工作，对所有非洲在华完成长期合作任务后归国服务的科研人员提供科研仪器捐助，实施"中非高校20+20合作计划"，加大对非洲师资力量培训的力度等。

在促进对非农产品出口方面，也应积极发挥援助的作用。中国对非洲的援助涉及到农业基础设施、农场建设等多个领域，在具体农业生产方面，作物种植、农产品加工和肥料生产等领域都是中国对非农业援助的重点。例如，2002年中国为津巴布韦提供500万美元赠款用于帮助津巴布韦进口玉米和农机产品，2006年中国为津巴布韦提供200万美元用于支持化肥和农机产品的进口，2007年中国为津巴布韦提供5800万美元的贷款，用于购置农业机械和农业用具；2002年中国政府为肯尼亚捐赠了一批农业机械，价值5万美元，包括8台手扶拖拉机、20台燃气机和20台玉米粉碎机；2005年中国捐赠坦桑尼亚价值6.2万美元的农业机械，包括3台拖拉机、2台铣床和2台抽水机；2006年中国为利比里亚提供了价值100万美元的农业泳具，包括短弯刀、斧子、挖掘机、铲子和耙等；2011年，中国赠予科特迪瓦200吨化肥和几百台农业机械，共价值200万欧元。因此中国对非洲的援助一定程度上可以促进富含研发投入的农业产品出口到非洲。

在促进对非直接投资方面，援助应发挥"先行者"的作用。企业在东道国进行直接投资之前，由于国际市场信息的不对称，对当地的信息往往缺乏了解，充满了风险和不确定性，仅仅依靠市场力量难以了解当地的商业环境。而援助则可得到受援国的基础设施水平、各项政策、政府能力等信息，从而成为铺平投资道路的"先行者"。中国对非洲直接投资之前，可使援助先行进入，提前了解非洲的市场商业环境，减少企业的投资风险。同时，中国对非洲的援助以技术为主，可将国内的经营理念、方法和技术引入非洲，当这些理念和技术被非洲国家逐渐消化吸收后，就提高了非洲国家对外来投资的接受程度，促进中国对非洲投资的增加和优化投资的技术溢出效果。此外，援助还可以帮助中国在非洲国家树立良好的形象，为中国企业的进入营造良好的政策环境，抵消掉一部分非洲国家普遍存在的国家风险，从而保障投资收益的实现。

7.6 本章小结

本章通过选取表征非洲技术吸收能力的指标，考察中国对非洲农产品出口和直接投资农业技术溢出的门槛效应,门槛变量包括非洲农业研发水平和人力资本水平,分别代表非洲在技术引进和吸收阶段的吸收能力。结论如下:第一,从中国对非洲农产品出口技术溢出的结果来看,非洲农业研发水平对农业技术溢出存在双门槛效应,人力资本水平对农业技术溢出存在单门槛效应。说明在技术引进阶段,非洲农业研发水平处于双门槛值之间时,中国农产品出口能发生显著的溢出效应,对于研发水平过高或过低的国家来说,技术溢出效应虽然为正向但不显著;在技术吸收阶段,非洲人力资本水平处于门槛值之上时,中国农产品出口能发生显著的溢出效应。第二,从中国对非洲直接投资农业技术溢出的结果来看,非洲农业研发水平存在单门槛效应,人力资本水平对农业技术溢出存在双门槛效应。说明在技术引进阶段,非洲农业研发水平处于门槛值之上时,中国直接投资能发生显著的溢出效应;在技术吸收阶段,非洲人力资本水平处于双门槛值之间时,中国直接投资能发生显著的溢出效应,而在人力资本较低或较高的区间,溢出效应虽然为正向但是并不显著。总体来说,在非洲各阶段的吸收能力达到一定的门槛区间或门槛值之上时,中国农产品出口或直接投资才会发生显著的技术溢出效果。

8

中非农业合作的对策机制分析
——以中国援非农业技术示范中心为例

本章以中国援非农业技术示范中心为例，分析中非农业合作实践中的成效、困境及其成因，并在此基础上探讨中非农业合作应建立的对策机制。

8.1 引　　言

积极利用海外市场、加强农业国际合作是保障中国粮食安全的重要举措。2000年中国正式提出"走出去"战略，推动企业通过多种形式积极参与国际竞争与合作，鼓励企业到境外地区和国家从事研发、生产和营销活动。2013年中国提出"一带一路"倡议，是"走出去"战略的延伸和发展，强调企业为倡议的实施主体，为企业"走出去"带来了新机遇。中非农业合作是中国农业"走出去"战略的重要组成部分，中国帮助非洲实现农业现代化、解决粮食安全问题，是中非合作的重要内容，也是构建人类命运共同体的具体体现。中非农业合作已有60年的历史，双方在相关领域已经积累了丰富的经验，对这些经验加以讨论和总结，有利于建立完整全面的中非合作实践案例资料数据库，并从中提炼出系统化的中非合作发展知识体系，为中国农业企业"走出去"以及与"一带一路"沿线国家更大范围的农业国际合作提供经验借鉴。中非农业合作早期以政府为主导的技术援助，例如援建农场和农业技术试验站，到20世纪90年代之后引入市场机制，开始向企业参与模式转变（Brautigam，2009；Brautigam et al.，2009；刘晨 等，2018），双方合作日益紧密。2000年中非合作论坛成立，中非农业合作进入全面拓展和深化的崭新阶段，政府和企业在中非农业合作项目中的合作逐渐加深且更具有战略性（Chen et al.，2014）。中国企业参加"一带一路"建设不仅是具有营利性的市场行为，而且还要走入当地，实现民心相通，更重要的是要采用合作经营的方式"走出去"。在民粹主义与各种形式的"中国威胁论"的形势下，提升中国企业在国际合作中的作用，可以有效降低经济与政治成本。因此，促进企业在中国对外农业合作中发挥更大的作用应当成为推动中国农业"走出去"的重要举措。中国援非农业技术示范中心（以下简称"示范中心"）是当前中非农业合作的重要平台，具有"政府搭台，企业唱戏"的特征，是公私部门多主体共同参与中非农业合作的重要形式。示范中心具有农业技术示范和传递的功能，旨在提高非洲国家粮食安全水平和农业生产能力。当前对示范中心的研究主要集中在功能定位（高贵现，2016）、经营管理（张晨 等，2018）、面临的问题与发展对策（周泉发 等，2011；周海川，2012；朱月季等，2015；秦路 等，2016）等方面。尽管这些研究的视角不同，但普遍认为示范中心这种合作形式有效提升了中非两国在农业领域的合作效率。这与示范中心在运营模式上的创新有关，示范中心既非传统的单向援助模式，亦非纯粹的商业合作。示范中心由中国政府出资建设，在受援国建成后将其移交给当地政府。接下来首先进入3年的技术合作期，即中国政府提供无偿援助，由中国私营部门进行示范中心的建设和运营。技术合作期结束后，示范中心进入自主运营期，此时中国政府不再提供资金支持，私营部门自主经营农业技术示范中心，自负盈亏。各种主体的积极参与有效提升了中非农业合作的效率，但不容回避的是示范中心目前依然面临发展不可持续的问题。示范中心为什么会出现可持续发展困境？应建立何种机制应对？本章对上述问题予以回答。

8.2 PPP模式及其在国际合作领域的应用

PPP（公私合作）模式是一种公共资本与私人资本合作的模式，旨在将市场竞争机制和多元化投资引入公共服务，以缓解政府的财政压力、改善政府的运作方式，促使政府能够以更低的成本提供更为优质的产品和服务。PPP模式起源于英国，20世纪80年代英国提出了PPP的概念，其主要目的是为公路和铁路等基础设施建设融资。随后PPP模式开始流行，其融资职能逐渐发展并覆盖大多数公共产品或服务领域。

当前PPP模式尚无统一的定义，中国相关政府部门对PPP模式的定义并不一致。中国财政部将PPP定义为在基础设施及公共服务领域建立的一种长期合作关系，该模式通常是由社会资本承担设计、建设、运营和维护基础设施的大部分工作，并通过"使用者付费"及必要的"政府付费"获得合理的投资回报，政府在整个过程中负责监管基础设施及公共服务的价格和质量，以保证公共利益最大化。中国发展和改革委员会对PPP模式的定义与中国财政部在具体表述上略有不同，其认为PPP模式是政府为增强公共产品和服务供给能力、提高供给效率，通过特许经营、购买服务、股权合作等方式，与社会资本建立的利益共享、风险分担以及长期合作关系。在国际上，联合国对PPP模式的界定更加强调制度变革，将PPP模式视作不同部门之间的制度化合作方式，具体形式表现为公共部门和私人部门建立伙伴关系以实施大型公共项目，目标为满足社会对公共产品和服务的需求；美国PPP

国家委员会的定义则偏重政府运作方式的改变，认为 PPP 是一种公共产品的提供方式，介于外包和私有化之间，充分利用私人资本投资、建设和维护基础设施以满足公共需求；加拿大 PPP 国家委员会对 PPP 模式的定义与美国相似，在加拿大的政治框架下，PPP 模式是公共部门和私人部门在各自经验的基础上，形成的一种合作经营关系，通过建立资源分配、风险分担和利益共享机制，以提供公共服务满足公共需求（Allan，1999；王新影，2019）。

尽管各方对 PPP 模式的具体描述有所不同，但核心内容都是强调公共部门和私营部门的合作，主张双方发挥各自的优势，通过共担风险、共享利益，实现共同的目标。PPP 模式的核心优点在于将市场机制引入基础设施和公共服务投融资领域，利用私营部门专业的知识和较强的灵活性，在提供更高水平公共服务的同时，降低公共部门由于市场不对称而造成的交易成本，提高项目运营效率。正因为 PPP 模式在提供公共服务领域中的巨大优势，早在 20 世纪末，PPP 模式被引入国际合作领域。西方国家如美国、德国和英国等，在 20 世纪 90 年代将 PPP 模式作为改善国际合作的重要方式，私营部门在国际合作中不断发挥重要作用。例如，2001 年起，美国成立了一系列"全球发展联盟"（Global Development Alliance），广泛纳入私营部门，并称已带动了公共部门和私营部门 190 亿美元的资金参与。英国在其发展战略文件中强调未来对外援助的重点方向之一是公私合作（Conley，2012）。2012 年，八国峰会（G8）国家发起"粮食安全和营养新联盟"（New Alliance for Food Security and Nutrition），突出 PPP 模式的作用，并称第一轮私营部门的投资已超过 30 亿美元，涉及农业产业链中灌溉、加工、贸易和基础设施等方面，将影响数百万小农户（Callan et al.，2013）。

冷战后"市场经济"这种生产组织模式被广泛接受，全球化飞速推进，也为 PPP 模式在国际合作中更广泛的应用创造了良好的外部条件。一方面，私营部门成为国际市场中不可忽视的力量，公共部门开始意识到其在经营能力方面的优势和具有灵活性的特点，并考虑如何发挥私营部门的资源整合能力以共同提升合作项目的影响力；另一方面，私营部门具有走出国门进行海外投资的需求和动力，它们希望依靠政府在国际合作项目中所积累的经验、声誉和关系网络，实现"借船出海"，以降低海外投资风险、改善当地营商环境以及增加盈利。因此，公共部门和私营部门在国际合作领域的需求具有互补性。国际合作领域的 PPP 模式具有与传统 PPP 模式相同的原则（姜璐 等，2019），但同时又有自己的特点。其参与主体相比传统 PPP 模式更加多元：公共部门不仅涵盖本国政府，还包含合作国的政府，以及政府间国际组织，例如世界银行、国际货币基金组织等；私营部门不仅包括本国的企业、科研院所、大学以及非政府组织等，还包括合作国相应的私营部门。由于参与主体的多元性，国际合作领域的 PPP 模式相比传统 PPP 模式具有更大的灵活性，各主体可根据自身优势，投入不同的资源，例如资金、技术、合作经验等。此外，国际合作领域的 PPP 模式不仅致力于建设基础设施和提供公共服务，还覆盖产业发展、教育医疗、环境保护等各个领域。

如上所述，中国在国际农业合作中应用 PPP 模式是内外多种因素共同作用下的结果，该模式对合作双方都具有极大的助益。第一，减少经济成本。由政府主导的单纯援助模式不以营利为目的，给政府带来巨大的财政负担。因此，完全由政府主导的援助模式难以持续，无法实现援助目标。引入私营部门、进行公私合作，可以通过市场的力量，在一定程度上克服传统政府包揽服务效率差、质量低的弊端，减少资源浪费，降低合作成本。第二，减少社会成本。除了政府间的对话交流以外，中国政府和企业还需要与当地私营部门和民众之间加强对接，从而形成有效的农业技术推广和扩散的网络系统。引入私营部门参与合作，有利于借助私营部门在当地长期以来的经营基础，实现公共部门、私营部门与社会大众之间的交互作用与横向的平面连接，构建以责任分担、资源共享、目标一致、合作共治为特征的网络关系格局，塑造公共部门—私营部门—社会大众三元主体之间的互动与合作（潘萍 等，2018）。第三，减少政治成本。中国在参与国际农业合作的过程中，加强私营部门与合作国当地政府、企业以及民众的对接，一是能够弱化援助的政治色彩，提高外交形象，避免被打上"新殖民主义"等标签，二是能够切实了解当地民众的需求，针对具体问题进行帮扶，并使当地人民感受到来自异国的关爱与帮助，增进两国人民间的感情，三是可以避免东道国民众与政府之间的矛盾演变为中国与当地民众之间的矛盾。

中国农业企业响应国家政策号召积极"走出去"，在国际农业合作中正在发挥越来越重要的作用。但在非洲、拉丁美洲和中亚等地区的经营中，中国农业企业普遍面临挑战，如东道国投资环境不完善、缺乏明确的发展规划和统筹安排、利润率低等（沈琼，2016）。对此，总结中国国际合作项目的成败经验，对未来农业企业顺利"走出去"具有重要意义。中非农业合作经历了早期由政府主导的单向援助模式，到近年来企业逐渐成为主体的新型模式，较好地代表了中国参与国际农业合作的发展历程。以下将以中非农业合作的典型形式——中国农业技术示范中心为例，论述国际合作 PPP 模式在中非农业合作中应用的成效、困境及其成因，并提出对策建议。以此为基础总结国际合作 PPP 模式的共性经验，为其应用于更广阔的国际农业合作提供借鉴。

8.3　农业技术示范中心的 PPP 模式及其成效

中国已经在非洲国家援建了 26 个示范中心，其中 15 个已进入技术合作阶段，示范中心已经成为当前中非农业合作的重要形式。示范中心承载着示范中国农业技术、为非洲农业官员和农民进行技术培训、帮助非洲国家发展农业的作用，同时致力于打造国际合作平台，有效推动更多企业参与投资合作。在示范中心建设与运营的过程中公私双方都深入参与其中，这是一种 PPP 模式，是对中非原有合作模式的突破。

8.3.1　农业技术示范中心建设运营的 PPP 模式

从援建示范中心的执行主体来看，示范中心由政府和私营部门共同参与；从政策设计来看，示范中心属于公私合作模式中的包容性商业行为，即"发展机构为企业提供一定的技术、知识和前期抵抗风险资金的支持，以促进企业向有利于穷人的产业和行业进行投资"（李小云等，2017）；从实现目标来看，示范中心旨在向非洲传递中国农业技术，提高非洲农业发展水平，同时还为企业"走出去"搭建平台，探索企业在非洲的可持续发展路径，具有实现援助项目公益性和企业营利的双重目标，实现这一目标的核心则是恰当地处理政府与企业的关系（Xu et al., 2016）。示范中心这种将援助与商业相结合的行为，已经被证明是一个能够保证双方效益和项目成功的机制（Chichava et al., 2013）。截至目前，已进入技术合作期的 15 个示范中心中，有 12 个示范中心的承建单位为企业。企业参与示范中心项目，有利于其走向海外，扩大影响力，同时也符合企业的营利性目标，可以有效提升企业在示范中心运营阶段持续投入资源的动力。示范中心公益性和营利性的双重性质符合 PPP 模式要求公私双方目标共通、利益共享的特点。

在示范中心的具体实践上，总体态势是政府"逐渐退出"，与此同时将示范中心运营的重心向私营部门倾斜，并以此为基础促进示范中心的可持续运营，服务于改善非洲农业生产环境与农民生活条件的公共目标。中国商务部和农业部等政府部门主要负责前期的推动和管理等总体设计，组织示范中心选点考察、进行可行性分析、方案设计与预算，在土建施工阶段政府出资建设基本设施，批准项目施工和竣工验收，与当地政府签订移交证书。在技术合作期间，政府为每个示范中心提供500万~600万美元的总资助，保证企业的试验和培训等项目能够顺利进行，并对企业开展的项目进行检测与评估。而企业在农业专家人事安排、试验培训和推广计划等方面具有决策权。在技术合作期间，中国农业农村部为示范中心项目提供技术培训与指导。基于此，在土建施工和技术合作期内，私营部门能够较好地适应非洲当地的政治、经济和自然条件，更好地规划可持续发展策略，增强私营部门的稳定性和积极性，以便顺利过渡到自主运营期，这也是PPP模式要求公私双方风险共担的内在要求。

简言之，示范中心无论是在内核性质，抑或是具体实践上都与PPP模式高度契合。

8.3.2 农业技术示范中心的成效

示范中心的主要功能是顺应中国的国家战略、缓解非洲国家的粮食安全问题、建立中国农业技术基地，以及带动中资企业在非洲发展。示范中心通过突破前期的传统合作模式，尝试在国际合作领域应用PPP模式，目前已经取得了一定成效。其中，中国援建莫桑比克农业技术示范中心已经被纳入中国农业部（现农业农村部）境外农业合作示范区建设试点，是较为成功的一个案例，充分体现了PPP模式在中非农业合作中的巨大潜力，即通过将公私合作关系引入其中，谋求社会利益与经济利益之间的平衡，推动公共事业的可持续发展。

示范中心向当地农民展示了中国农业技术、设施和管理模式的先进性，在了解当地的社会经济和自然环境的基础上，能够根据当地气候条件调整农业技术的使用，从而有利于提高当地的农业生产效率和改善农民生活环境。中国援建莫桑比克农业技术示范中心于2010年11月建成，在3年的技术合作期内中国政府每年提供120万元的援助，湖北联丰公司为该中心的承建单位，负责项目的管理和运行。示范中心一方面发挥了技术示范与培训的平台作用，从2011年开始运行，共引进中国农作物品种27种，进行了水稻、玉米、棉花和蔬菜种植试验和示范。示范中心在莫罗戈罗省达卡瓦水稻产区利用中国农业技术建立了1000多公顷稻田的高产示范样板，在中国驻坦桑尼亚大使馆的支持与主导下开展了"中国农业技术惠坦跨省行"活动，让当地农民从中受益。

另一方面，大量中资企业也开始进驻示范中心，正成为示范中心可持续运营的重要支撑。莫桑比克的示范中心在招商引资、带动中国企业发展方面也做了很多有效的工作。在保持与国内依托单位湖北农科院紧密合作的同时，示范中心不断引导中国企业到莫桑比克进行农业合作，其间，示范中心的承建企业——联丰公司，引入了5家湖北省企业和农场，包括万宝粮油、万禾粮油加工集团、运粮湖农场、军垦农场和周矶农场。这些企业参与中国农业技术的推广工作，为改善莫桑比克农业基础设施做出贡献。联丰公司不仅在示范中心的管理运行中发挥了自己的作用，实现了示范中心的技术示范功能，还引导国内企业"走出去"，积极与私营部门进行农业技术合作，开创了新的模式，最大化示范中心的作用。此外，该示范中心还发挥了农业技术交流功能，积极与各机构交流与合作，包括国际水稻研究所、米琳达盖茨基金会、中国农业科学院以及湖北省农业科学院等。这些交流得到了坦桑尼亚媒体、中国媒体的跟踪报道和转载，从而扩大了中国在非洲农业技术援助的影响力，也有助于吸引更多的私营部门，推动示范中心进入良性发展轨道。

8.4 农业技术示范中心的发展困境分析

能否可持续发展是评判示范中心项目成功与否的重要标准，这也被写进了示范中心建设的协议中。虽然示范中心在品种试验示范、培训和推广中国农业技术方面取得了一定的成效，但是，技术合作期结束、进入自主运营阶段后，示范中心的可持续发展依然面临着困难，自身营利困难、经营受到当地市场抵制以及技术推广的有效性不足等问题依然凸显。之所以出现这一境况，除了非洲当地的诸多制约因素，以及示范中心规划期间思虑不周等因素外，还与示范中心未能在当地建立高强度社会网络相关。

现实经济系统具备了社会网络的本质特征，"社会网络"包括"节点"和"节点"之间的联系（Arthur et al., 1997）。其中"节点"是独立的要素，是社会网络中的行动者，可以是个体，也可以是社会组织，"联系"是指各要素之间的链接关系（Scott, 2000）。当买卖双方嵌入长期的商业关系网络后，都不愿意失去彼此的信任关系，因此即便交易成本很高，双方的买卖行为依然能够继续进行。中非农业合作中的参与主体构成较为复杂的社会网络，其中"节点"包括双方政府和企业、研究机构、非营利组织、社会大众等，各节点之间通过交流而产生具有进一步扩散价值和作用的事物（付淳宇，2015）。中非农业合作中，中国政府是示范中心项目的主要推动者,向承担单位提供资金和政策支持;中国私营部门是示范中心的承担者,开展实验研究、技术培训和示范推广;非洲政府是示范中心项目建设的支持者,在前期建设和合作期间制定相应的税收优惠政策;非洲私营部门具有一定的农业技术推广渠道。各参与主体之间呈分工、合作等多重关系,信息和知识交流有助于资源要素在各主体之间进行有效的分配和使用,使整个系统不断实现自适应。交流越紧密、持续时间越长、关系范围越大,则区域合作越紧密、合作效果越好(马述忠 等,2016)。

然而示范中心在实际的运营过程中,承建企业等私营部门和公共部门分别在前期和中期出现缺位的情况,导致示范中心难以充分发挥社会网络"节点"的作用,可持续发展面临诸多困境。具体来看,有以下几方面。

第一,从前期来看,在规划阶段未能充分吸收私营部门参与。推动示范中心的建立和规划设计主要由商务部和农业部负责,在选点考察、可行性分析、方案设计与预算等前期规划阶段,缺少私营部门的参与。整个规划未考虑私营部门在当地的前期经营基础、社会关系网络和对当地农业生产情况的掌握程度。这将导致私营部门进驻示范中心后,由于不了解当地农业生产和技术推广渠道,其适应和运营难度相应增大,例如出现技术推广的有效性不足等问题。此外,一些示范中心的承建单位还包括科研机构和高校。虽然这些机构在农业技术研发方面具有优势,但是在技术推广、农业经营和与当地市场的交流方面欠缺经验。相较而言,美国国际开发署和杜邦先锋在进行类似合作时,虽然美国国际开发署向杜邦先锋提供一部分发展援助资金作为补贴,但更多地利用了杜邦先锋在农业良种研发和推广方面的既有优势和丰富经验,在受援国建立起农民经销商网络和合作社,提供良种和培训,从而提升了当地农业产量,改善了农民收入。

第二,从中期来看,在运营阶段中国政府过早地完全退出。仅3年的技术合作期不足以使私营部门在非洲建立起产业化经营的基础,因而政府停止发放援助款后,私营部门的可持续发展面临严重挑战,其无法顺利过渡到自主经营阶段。在农业经营方面,当地居民收入水平低、市场需求不足。如果示范中心将土地用于种植蔬菜或养殖牲畜,那么会出现产品无处售卖的情况,而如果将土地全用于种植粮食,则收益过低,难以满足示范中心各项开支的需求。在政治因素方面,政治环境的变化导致示范中心运行面临不稳定因素,例如坦桑尼亚新任总统打压外国企业投资,缩紧外国人员签证,每位专家每季度需要支付250美元的签证费用。在经济因素方面,示范中心开始自主运营后,前期建设和合作期间的税收优惠政策不复存在，例如，坦桑尼亚的增值税为18%，公司所得税为30%，高税收影响了示范中心的盈利。示范中心运营费用不足，不得不严格限制农业技术专家等工作人员的数量，导致专家在非洲待遇较低且工作繁杂，其工作动力不足，影响中心的产业化运作。

第三，从长期来看，示范中心缺乏对农业社会网络各"节点"之间利益冲突的有效协调。一方面是"公—公"利益冲突，表现在双方政府对示范中心定位不同。中国政府希望借助示范中心平台，促使承建企业建立产业链，实现招商引资，加大在非洲的经营基础；而非洲政府则将示范中心界定为援助性质，不希望看到其商业行为对本国市场形成挤压，因此限制示范中心的经营活动，使企业盈利面临很大挑战。例如贝宁示范中心进入自主运营期后，养殖蛋鸡并参与市场活动的行为受到了当地养殖协会的抵制。另一方面是"公—私"利益冲突，表现为私营部门的营利性与示范中心项目的公益性产生冲突。政府和私营部门在项目中存在不同的目标，政府希望通过示范中心进行农业技术培训和推广，具有公益性，而私营部门则不会牺牲自己的经济利益去承担公益性事务。此外，一些私营部门并没有在非洲长期经营的打算，投标承建示范中心可能仅仅是为了获取援助款。

从项目全程来看，非洲国家政府与私营部门参与不足，进一步放大了示范中心在运营过程中的困难。当地政府和农民了解自身农业技术的实际需求，但是，示范中心与之在农业技术等专业问题上的交流较少。农业产业化经营需要产前、产中、产后的完整系统，中国的私营部门在当地难以建造完整的产业链，这就需要与当地私营部门加强沟通和联系，将当地企业纳入示范中心的运营。

8.5 农业技术示范中心可持续发展的对策机制分析

示范中心PPP模式的应用突破了传统的合作方式，取得了一定的成效，但在建设和运营过程中，不同性质的参与主体并没有建立真正意义上的伙伴关系，不仅没有全程合作，而且在示范中心不同阶段不时出现"缺位"的状况，导致示范中心成为孤立的点。示范中心未能在当地搭建成熟紧密的社会网络系统，出现了可持续发展的困境。国内与国际PPP模式的成功案例表明，不同性质运营主体之间的全程合作，将相关项目中的公私双方以及社会大众相连接，构成责任共担、资源共享的网络关系格局，从而取得自我运行的能力。因此，为了提高中非农业合作效率、改善合作效果以及提高合作项目的可持续性，需要完善中非农业合作中的 PPP 模式。具体而言，有以下 3 个方面。

第一，从法律、制度上合理确定公私双方的权利和义务，建立真正的伙伴关系，目标共通、权责共担和利益共享。中非农业合作面临企业和政府、营利性和公益性的失衡问题（张海冰，2012）。当政府对援助项目缺乏有效评估和奖惩机制、企业的逐利性与援助项目的公益性不一致时，企业会采取消极应对的策略，导致援助项目效果不佳（张悦，2015）。因此，中国政府和企业必须协同合作，方能促使项目顺利推进。在合作项目开始之前，政府寻求私营部门合作时，政府应当着重选择有长期投资计划的企业，使公私双方的目标尽可能趋于一致。政府还需要选择在当地有经营基础的企业，例如湖北联丰公司，该公司在莫桑比克有多年的项目运营经验，熟悉当地的商业经营模式，能够吸引其他中资企业投资合作。而有些企业第一次到受援国进行投资，不了解当地政治和市场经济条件，无法建立产业化经营的基础，出现难以持续的情况。此外，在项目开始之前的可行性考察、方案设计与项目预算等前期规划阶段，政府和私营部门应当全程共同参与，使私营部门深入了解当地经济文化情况，提前规划和准备，从而降低运营成本和经营难度。

第二，政府根据合作国经济状况灵活设置补贴的退出时间，并通过多种形式最大化地利用补贴款。在前期规划阶段，应当根据合作国经济情况灵活设计技术合作期，针对经济较为落后的国家可相对延长，为企业在当地进行产业化经营留足充分的时间，从而奠定更加坚实的基础。在具体实践方面，可在项目前期对当地经济状况和营商环境进行多方面评估，设置相应的指标体系，根据指标体系测算结果确定技术合作期的时间。当示范中心进入自主运营期后，国家应当针对融资困难的示范中心提供进一步的支持，减轻企业运行负担，或者给予企业 3~5 年过渡期的资金支持，帮助企业建立相对完整的产业链，从而实现可持续发展。除了延长补贴示范中心的时间之外，还需要通过各种形式最大化地利用补贴款，将政府资金设为种子基金，撬动私营部门投资，并发挥杠杆效应，吸引更多的私营资本以及多双边优惠性贷款。此外，可以引入项目信用评级体系，对影响 PPP 项目的风险因素进行科学合理的分析，向投资者更明确地揭示和预警风险，将项目公开化、透明化，降低投资者潜在的交易成本；还应努力完善项目运营，提高信用评级，吸引来更多的资金帮助私营部门实现可持续发展。

第三，加强与当地政府和私营部门的沟通对接，将 PPP 项目嵌入当地的社会经济发展中。首先，为了更好地提高示范中心的运营，需要将当地公共部门纳入合作体系，帮助当地政府提高治理能力，加强与当地政府的合作交流，推动当地政府将示范中心纳入其农业发展战略，增加对示范中心的财政支持，并促使示范中心参与当地的科研和技术推广体系。其次，应当积极发挥专业援外管理部门如中国国家国际合作署的作用，以有效处理与示范中心项目相关的各种事宜，还应当积极与受援国政府开展沟通和商议，为示范中心争取更多的政策支持，例如免税政策、优惠贴息贷款政策、土地政策。最后，加强与非洲非政府组织的合作，多听取社会团体、基金会和民办非企业单位等非政府组织的诉求，切实了解当地民众的需求，针对具体问题进行帮扶，提高合作的效率。

8.6　本章小结

中非农业合作从20世纪60年代中国政府对非洲单向援助的模式，转变为当前政府和企业共同参与、企业逐渐成为主体的模式。中国援非农业技术示范中心属于国际合作领域的PPP模式，取得了一定成效，但进入自主运营期后，很多示范中心的可持续发展面临挑战。对此，本章提出加强在当地的社会网络构建，完善示范中心运营的PPP模式：首先，公私双方应当建立真正的伙伴关系，目标共通，权责共担；其次，中国政府根据合作国经济状况灵活设置补贴的停止时间，并通过多种形式最大化利用补贴款；最后，加强与当地政府和私营部门的沟通对接，将PPP项目嵌入当地的社会经济中。受新冠肺炎疫情、气候变化等非传统安全威胁，国际粮食市场动荡不稳、贸易限制措施频出以及全球粮食安全的风险加大，在此背景下，借助PPP模式，中国与合作国当地的公私部门，包括政府、企业、非政府组织、社会大众，连接成完整可靠的社会网络，不仅可以从机制上提升各方农业生产的稳定性，更可以使中非双方共同致力于全球农业发展和粮食安全问题的解决，展现中国负责任大国的形象。

9
结论、启示和展望

本章对前面章节的结论进行总结，并根据结论提出相应的政策启示，为今后中国对非洲农产品出口和直接投资的发展和完善提供政策参考，最后，总结了研究的不足之处并展望了未来的研究方向。

9.1 主要研究结论

本研究首先梳理了中国对非洲农产品出口和直接投资的现状，之后测算了非洲农业 TFP 以代表农业生产技术水平，并以非洲农业 TFP 全要素生产率为因变量，检验中国对非洲农产品出口和直接投资的农业技术溢出机理，从非洲吸收能力角度，分别分析中国对非洲农产品出口和直接投资农业技术溢出的门槛效应，最后以中国援非农业技术示范中心为例，阐述中非农业合作应建立何种对策机制，以实现可持续发展，结论如下。

第一，1971—2017 年，非洲农业整体农业 TFP 呈波动上涨趋势，各区域增长水平不一。

运用 DEA-Malmquist 指数测算了 1971—2017 年 30 个非洲国家的农业 TFP，得到如下结论。第一，1971—2017 年 30 个非洲国家的农业 TFP 呈明显的波动性，但总体呈上涨趋势。第二，分国家来看，21 个国家的农业 TFP 指数比基期年份有所提高，9 个国家的农业 TFP 出现了下降和倒退。第三，分区域来看，干旱区域农业 TFP 低于其他地区；中高收入区域农业 TFP 增长较快；西部非洲在进入 21 世纪后年均增长出现明显的增加。

第二，中国对非洲农产品出口具有显著的技术溢出效应，在各类农产品中，农业中间品和农业资本品出口的技术溢出效应更为显著。

将 LP 模型进行相应拓展，检验中国对非洲农产品出口的技术溢出效应机理，得到结论如下。第一，中国对非洲的农产品出口显著促进了非洲农业 TFP 的增长；第二，中国对非洲农业最终消费品出口没有发生显著的技术溢出效果，而农业中间品和农业资本品的出口则对非洲农业 TFP 增长产生了明显的促进作用，说明中国对非洲农业中间品和农业资本品的出口是提高非洲农业生产率的重要途径；第三，中国对不同气候区域国家的各类农产品出口中，农业中间品的溢出效应受到气候条件的影响较为明显，在干旱区溢出效应最小。

第三，中国直接投资对非洲的农业 TFP 具有溢出效应，其中有接近一半的效应是通过投资于基础设施领域而实现的。

通过构建中介效应模型，检验中国对非洲直接投资的农业技术溢出中介路径，发现基础设施在其中起到中介作用，即中国对非洲直接投资有助于完善基础设施水平，进而对农业TFP的提高有促进作用。首先通过交通、能源、通信和农村基础设施的细分指标，构建非洲基础设施水平指数，以代表农村非洲基础设施水平，之后以基础设施水平为中介变量，检验中国对非直接投资的农业技术溢出效果，得到结论如下。第一，中国对非洲的直接投资不仅直接影响非洲农业TFP，还通过提高基础设施水平间接产生影响，基础设施在溢出过程中起到中间路径传递的作用，即中介效应。中国直接投资对非洲农业TFP的总效应中，中介效应占总效应比例为48.7%，略小于直接效应；第二，对非洲国家按照不同收入水平分类，分别进行中介模型回归，将结果进行对比后，得出相比于非洲中高收入地区，在低收入地区中国直接投资对基础设施水平的提高具有更大的作用，进而对其农业TFP产生更大作用。

第四，非洲各阶段技术吸收能力对中国农产品出口和直接投资的农业技术溢出具有门槛效应。

通过选取表征非洲技术吸收能力的指标，考察中国对非洲农产品出口和直接投资农业技术溢出的门槛效应，门槛变量包括非洲农业研发水平和人力资本水平，分别代表非洲在技术引进和吸收阶段的吸收能力，结论如下。第一，从中国对非洲农产品出口技术溢出的结果来看，非洲农业研发水平对农业技术溢出存在双门槛效应，人力资本水平对农业技术溢出存在单门槛效应；第二，从中国对非洲直接投资农业技术溢出的结果来看，非洲农业研发水平存在单门槛效应，人力资本水平对农业技术溢出存在双门槛效应。总体来说，在非洲各阶段的吸收能力达到一定的门槛区间或门槛值之上时，中国农产品出口或直接投资才会发生显著的技术溢出效果。

第五，中非农业技术示范中心属于多主体参与的PPP模式，但该模式的应用目前尚不健全，使示范中心经营不可持续。

中国援非农业技术示范中心属于国际合作领域的PPP模式，在品种试验示范、培训和推广中国农业技术方面取得了一定的成效。但是，技术合作期结束、进入自主运营阶段后，示范中心的可持续发展依然面临着困难，自身营利困难、经营受到当地市场抵制以及技术推广的有效性不足等问题依然凸显，这与示范中心未能在当地建立高强度社会网络相关。示范中心在实际的运营过程中，公共部门和承建企业等私营部门分别出现缺位的情况，导致示范中心难以充分发挥社会网络"节点"的作用，可持续发展面临诸多困境。

9.2 主要政策启示

基于本书的实证分析及主要结论，可得到如下几点政策启示。

第一，中非农业合作应致力于提高非洲农业生产率，特别是在非洲农业生产中投入化肥和农业机械等生产要素。

非洲人中约有 2/3 的人从事农业生产，依靠农业生存，但非洲农业生产率低下，农业产出的增长主要靠土地投入的增加，其他要素的投入产出弹性低，且投入不足，农业技术落后，农业 TFP 增长缓慢。低下的农业技术水平使非洲时常面临粮食安全问题，对此，提高农业技术水平和农业生产率，是中非农业合作的最重要目标之一。从中国对非洲的农产品出口结构技术溢出效果来看，农业中间品和农业资本品的溢出效果显著，而这 2 种产品中，化肥和农业机械占重要份额。对此，非洲应加大 2 种要素的投入和使用效率。目前许多非洲国家每公顷仅施用 5~10 千克。无机肥施用量过低，将造成土壤退化，提高无机肥施用量不仅能够提高土壤有机质含量，提高生物产量，还可以缓解森林和湿地转化为耕地的压力。2006 年的非洲《阿布贾肥料促进非洲绿色革命宣言》上，非盟国家表示将增加施肥量，到 2015 年每公顷增加 50 千克。为了实现 CAADP 的战略计划，大部分撒哈拉以南非洲国家需要将化肥使用量翻倍。但非洲目前化肥市场还不健全，质量控制不严格，法律法规不够完善，且约 1/3 的撒哈拉以南非洲国家没有化肥补贴项目，对农户来说，化肥成本高昂。对此，撒哈拉以南非洲应尽快完善化肥市场，建立健全的法律法规；此外在设立化肥补贴项目的同时，还应加强化肥生产能力，降低生产成本，使价格能够为广大农户所接受。另外，非洲机械化处于起步阶段，发展进程缓慢，非洲不断开垦荒地，增加土地投入，但机械投入低，依然以人工耕种为主，土地生产率低下，耕种效率和产出很低。

在中非农业合作中，中国可向非洲传递中国农业发展的有效经验，其中使用化肥是中国农业取得显著增长的重要原因，例如玉米生产，我国玉米单产提高的 3 个贡献来源中，化肥的贡献率占一半，而在化肥的贡献中，氮肥发挥的作用最大。中国是世界第一氮肥生产和消费国，世界约 30% 的氮肥施用在中国 8% 的耕地上。中国的农业生产过程中还大量使用了农药，虽然对环境造成了一定的破坏，但为确保粮食稳定增长做出了贡献。中国小型农机具比较适合非洲的农业生产方式，且价格低,对中小农场主性价比较高。另外,中国的小型农机具容易操作掌握,易于维修,对非洲农民来说使用起来容易上手。中国应完善对非洲的农业中间品如化肥、农药,以及农业资本品如农业机械机具的出口渠道和政策,不仅有利于提高非洲的农业生产率,还符合中国当前的农业供给侧改革和农业绿色高质量发展目标,将过剩的产能转移至非洲。但同时应注意,虽然化肥和农药为中国农业的发展做出了极大贡献,但也付出了巨大环境代价,非洲大部分地区是还未被化学产品"污染"过的净土,在使用农化产品时应万分关注环境保护,尝试多使用有机肥和生物农药,减轻土地负担。

第二,中国可以考虑出台鼓励对非农业出口的政策,尤其是技术含量高的农业中间品和农业资本品出口,使其对非洲农业技术溢出效应最大化。

中国农业中间品和农业资本品出口对非洲农业生产率有显著的正向作用。对此,可以考虑出台鼓励对非农业出口的政策,对相关产品实行降低对非出口关税或增加出口补贴的方式,完善相应的贸易政策。此外,中国还可考虑在非洲当地建立化肥、农药和农机具的合营公司,共同经营生产相关产品。目前,非洲许多国家的化肥市场仍是进口主导的市场,各国化肥进口量巨大,且各国化肥的使用品类各不相同。但近年来,以尼日利亚和马里为代表的西非国家已开始逐渐建立起化肥生产产能,因此投资和出口西非化肥市场都同样前景广阔。目前农业正是非洲扶持与振兴的重要产业,而发展农业则离不开农药。根据农业在非洲各国发展议程中的重要地位,未来非洲农药市场的巨大需求不可否认。我国作为世界上农药出口大国,这一机遇不可错失。中国出口到非洲的农药近年呈逐年增长的趋势,中国企业应把握这一历史趋势,充分把握非洲市场的巨大潜力,抓住商机,使我国更多农药产品进入非洲。粮农组织和非盟 2018 年 10 月 5 日发布了《可持续农业机械化:非洲框架》,其宗旨是通过帮助非洲各国制定农场可持续机械化战略,提高农业效率,并减少使用体力劳动。因此可以预见,非洲农业机械化未来将是中国农机出口的良好契机。

第三,扩大对非洲直接投资规模,与"一带一路"平台相对接,特别是加强与非洲在基础设施领域的投资合作。

非盟《2063 年议程》对基础设施建设高度重视,各国承诺加大财政投入,推进交通、能源和通信等基础设施建设,联结非洲各国。中国对非洲的直接投资可与非盟《2063 年议程》等相关发展政策对接,明晰非洲急切需要建设和完善的领域,借助于"一带一路"平台,扩大投资规模,在非洲国家面临巨大基础设施建设缺口的时机,鼓励企业到非洲国家投资,将基础设施作为重点投资领域。具体有以下几点启示:第一,进一步完善海外投资法律、改善金融支持环境、改进政策支持措施、简化审批手续、税收优惠等,为中国企业到非洲投资提供一定额度的减税,对在非洲直接投资的企业予以技术支持,帮助和鼓励企业更好的"走出去",引导企业在获得自身发展的同时,也能主动承担当地的社会责任,与当地构建和谐发展、互惠共赢的可持续发展关系;第二,非洲国家众多,各国基础设施水平有很大差异,中国应充分了解各国的公路、电站、电信、用水设施等发展情况,深入了解各国有关投资需求、市场结构、贸易法规、文化习俗等方面的现状,更好地发挥作用,在进行直接投资的同时,积极开展产业合作、工程承包和劳务合作,与东道国互惠共赢;第三,在基础设施建设方面,中国持续注重基础设施投资与建设,降低物流和相关成本,提高市场效率,"要想富先修路",同样适用于具有严重基础设施瓶颈的非洲国家。中国对非洲的投资领域中,基础设施建设占据重要地位,未来中非合作中,中国应不断向非洲国家传递基础设施建设的经验,如农村道路和电网改造、农业水利设施建设、农业医疗卫生保障建设等。同时促使非洲国家有效引进并利用中国的投资,完善基础设施建设投融资体制机制,为引进基础设施投资制定相应政策,加强与中国投资企业的交往互动,学习中国基础设施建设经验,提高互联互通能力。

第四,中国在未来中非合作中,应立足于非洲各国农业发展的现实情况,加强对话,传播中国农业技术发展经验,有效帮助非洲提高对中国农业技术的吸收能力。

非洲的吸收能力如农业研发水平、人力资本水平,显著影响着国际技术的溢出效应。对此,在未来中非合作中,中国应立足非洲各国农业发展的现实情况,与非洲自身的农业发展规划和政策有机结合,有效对接《非洲农业综合发展计划》《非洲农业生产力框架》、非洲《2063年议程》和《非洲农业科学议程》等政策和规划,加强与非洲在农业政策方面的对话,了解非洲农业发展的实际问题。

中国应加强与非洲的对话,传播中国农业技术发展经验,有效帮助非洲提高技术吸收能力,使技术溢出效应得到优化。中国应注意总结自身农业发展的成功经验,并筛选适用于非洲发展的实际措施,供非洲国家参考。在农业研发投入方面,中国建立了较为完善的多元化农业科研推广体系,在国家、省和市县三级行政级别中都设置了农业研究机构,每个省设有自己的省级农业研究院,至少有一所农业大学和其他农业相关的学院;科学规划配置科研投入资金,并配有具体特殊研究的辅助资金。中国可与非洲分享制度、政策等相关经验，为当地政府制定农业科技政策提供参考。在人力资本水平方面，按照舒尔茨的观点，教育可以提高人力资本的水平，进而带来产业的发展。中国可加大与非洲的农业教育合作，加大向非洲派遣农业技术专家的力度，以及在非洲进行农业技术示范项目，针对农业技术人员和农户进行培训，并邀请非洲的农业官员、专家、技术推广人员来华进行培训。改善非洲人力资本状况，提高对技术的吸收消化能力，从而更好地学习和模仿先进技术。

第五，中非农业合作应吸纳更多私营部门参与，且各主体应建立紧密的社会网络。

中非农业合作需要建立完善的国际合作PPP机制，广泛吸纳私营部门非政府机构、公民团体和国际机构等共同参与，且各主体之间应建立联系紧密的社会网络。在具体合作中，首先中国应加强与东道国政府的合作，分享中国农业的发展经验，如建立完善的农业政策体系、加大对农业的财政投入和改善小农生产条件；其次，应加强与当地公私部门特别是非政府组织门的合作，加强与当地政府、科研单位和农业技术推广单位的沟通，了解并适应当地农业市场，做好可持续发展规划，同时谋求与非政府组织和国际机构的合作；再次，应完善中国政府与私营部门之间的风险共担机制，例如示范中心在建立前期，政府首先应充分了解和掌握受援国的政治政策和经济条件，根据各国具体情况，制订不同的长期规划，当示范中心进入自主运营期后，国家应对融资困难的中心给予进一步的支持，减轻企业运行负担。最后，参与各方应明确自身的目标，相互协调，及时调整策略，保证各方的利益得以最大化，且对农业合作项目需要在长期的实践中来评定。总之，中国各方应与非洲当地各方形成权利共享、利益均沾的人类命运共同体，以平等的姿态和合作伙伴的关系，共同致力于非洲农业发展和粮食安全问题的解决。

9.3 未来研究展望

第一，在研究内容上，仅评估了中非的双边合作。在实际上，除了双边合作以外，中国还对非洲进行了援助，且在南南合作框架下，积极参与多边合作，与非洲开展农业技术交流。在今后的研究中，考虑将对非援助和多边合作纳入研究框架，以得到更全面的研究结果。

第二，出口和投资的技术溢出效应具有双向性，除了中国将技术带入非洲以外，非洲国家农业新品种也可以出口至中国，非洲企业也可以在中国进行投资，非洲对中国的出口和投资，是否会对非洲农业技术产生逆向的溢出作用，限于数据原因和研究目的，本书没有进行分析。此外，中国在经济条件、社会形态不同的非洲国家进行投资，可获取很多在国内得不到的生产和管理经验，可能会对中国农业发展产生逆向技术溢出作用。在未来的研究中，可将出口和直接投资的逆向技术溢出纳入研究框架，使研究结果更为丰富和完善。

第三，本研究仅在宏观层面上探讨了中国对非洲的农业技术溢出渠道及其溢出效果，与现实情况可能存在一定的差距。在今后的研究中，考虑从微观层面出发，亲自去非洲当地进行问卷和田野调查，了解非洲农户对中国的化肥、农药和农业机械的采纳意愿和使用效果，以及中国企业在非洲当地投资所遇到的挑战和困难，收集丰富的数据和信息，以完善在微观层面的中非合作技术溢出效果研究。

参考文献

边志强，杜两省，2015. 自主 R&D、国际 R&D 技术溢出与基础设施 [J]. 云南财经大学学报（5）：67-77.

蔡增正，1999. 教育对经济增长贡献的计量分析——科教兴国战略的实证依据 [J]. 经济研究（2）：41-50.

陈灿煌，2008. 农业 FDI 与农产品出口结构优化——基于协整和误差修正模型的实证分析 [J]. 华东经济管理（10）：83-86.

陈宗德，2004. 非洲投资市场及我国对非洲投资概析 [J]. 西亚非洲（1）：46-53.

程国强，1999. 中国农产品贸易：格局与政策 [J]. 管理世界（3）：176-183.

程国强，朱满德，2014. 中国农业实施全球战略的路径选择与政策框架 [J]. 改革（1）：109-123.

崔玉平，2000. 中国高等教育对经济增长率的贡献 [J]. 北京师范大学学报（人文社会科学版）（1）：31-37.

邓慧君，钟苇思，2008. 复杂技术环境下技术差距对国际技术流动的影响 [J]. 科学管理研究（2）：46-49.

方希桦，包群，赖明勇，2004. 国际技术溢出：基于进口传导机制的实证研究 [J]. 中国软科学（7）：58-64.

符宁，2007. 人力资本、研发强度与进口贸易技术溢出——基于我国吸收能力的实证研究 [J]. 世界经济研究（11）：37-42, 61, 87.

付淳宇，2015. 区域创新系统理论研究 [D]. 长春：吉林大学.

傅素英，2009. 中国农业技术国际转移问题研究 [D]. 武汉：华中农业大学.

高贵现，2016. 中非农业技术示范中心的功能定位及可持续发展的建议 [J]. 世界农业（7）：200-204.

高金田，刘冬，2012. 中非农产品产业内贸易及影响因素——基于 2000—2010 年中国与非洲 25 国面板数据的实证研究 [J]. 国际经贸探索，28（6）：4-12.

高奇正，刘颖，叶文灿，2018. 农业贸易、研发与技术溢出——基于 38 个国家（地区）的验证分析 [J]. 中国农村经济（8）：99-116.

葛小寒，陈凌，2009. 国际 R&D 溢出的技术进步效应——基于吸收能力的实证研究 [J]. 数量经济技术经济研究，26（7）：86-98.

龚斌磊，2019. 中国与"一带一路"国家农业合作实现途径 [J]. 中国农村经济（10）：114-129.

胡永远，2003. 人力资本与经济增长：一个实证分析 [J]. 经济科学（1）：54-60.

黄亮雄，钱馨蓓，隋广军，2018. 中国对外直接投资改善了"一带一路"沿线国家的基础设施水平吗？[J]. 管理评论，30（3）：226-239.

黄先海，石东楠，2005. 对外贸易对我国全要素生产率影响的测度与分析 [J]. 世界经济研究（1）：22-26.

姜璐，吴泽涛，2019. 国际发展合作PPP——更有效的发展合作新模式？[J]. 国际展望，11（6）：46-67，151-152.

金戈，2016. 中国基础设施与非基础设施资本存量及其产出弹性估算 [J]. 经济研究，51（5）：41-56.

赖明勇，张新，彭水军，包群，2005. 经济增长的源泉：人力资本、研究开发与技术外溢 [J]. 中国社会科学（2）：32-46，204-205.

李德刚，苑德宇，2017. FDI 进入、技术溢出与城市基础设施绩效改进 [J]. 国际贸易问题（1）：127-138.

李谷成，冯中朝，范丽霞，2009. 小农户真的更加具有效率吗？来自湖北省的经验证据 [J]. 经济学（季刊）（1）：95-124.

李昊，黄季焜，2016. 中非农产品贸易：发展现状及影响因素实证研究 [J]. 经济问题探索（4）：142-149.

李先德，2018. 中非农产品贸易发展现状及前景展望 [J]. 农业展望，14（3）：93-97，109.

李小云，2010. 小农为基础的农业发展：中国与非洲的比较分析 [M]. 北京：社会科学文献出版社.

李小云，唐丽霞，陆继霞，等，2017. 新发展的示范：中国援非农业技术示范中心的微观叙事 [M]. 北京：社会科学文献出版社.

李杏，2007. 外商直接投资技术外溢吸收能力影响因素研究——基于中国29个地区面板数据分析 [J]. 国际贸易问题（12）：79-86.

李艳丽，2010. FDI 对国内投资的挤入挤出效应——基于地区差异及资金来源结构视角的分析 [J]. 经济学动态（10）：20-23.

李泳，2006. 国际直接投资与中国农业产业结构升级 [J]. 中国农村经济（5）：10-39.

刘爱兰，黄梅波，2012. 中国对非洲直接投资的影响分析［J］. 国际经济合作（2）：50-55.

刘秉镰，武鹏，刘玉海，2010. 交通基础设施与中国全要素生产率增长——基于省域数据的空间面板计量分析［J］. 中国工业经济（3）：54-64.

刘晨，葛顺奇，2018. 中国企业对非洲投资：经济增长与结构变革［J］. 国际经济评论（5）：4，9-31.

刘林青，周潞，2010. 非洲农产品的国际竞争力及与中国贸易互补性分析［J］. 国际贸易问题（4）：40-48.

刘青海，2011-12-1. 中非经贸合作应向以投资为主导的合作演进［N］. 中国社会科学（14）.

刘青海，2011. FDI、吸收能力与经济增长——基于国际技术扩散的视角［J］. 经济经纬（6）：21-24.

刘生龙，胡鞍钢，2010. 基础设施的外部性在中国的检验：1988—2007［J］. 经济研究，45（3）：4-15.

刘舜佳，生延超，2015. 农产品贸易研发知识溢出：基于Coe-Helpman模型在空间维度扩展后的实证研究［J］. 国际贸易问题（9）：29-42.

刘舜佳，张雅，2018. 农产品贸易知识溢出的环境效应研究［J］. 农业技术经济（7）：119-131.

陆雄文，2013. 管理学大辞典［M］. 上海：上海辞书出版社.

吕立才，黄祖辉，2006. 外商直接投资中国农产品加工业的技术转移效果分析——基于面板数据的实证考察［J］. 南开经济研究（4）：22-31.

吕立才，庄丽娟，黄祖辉，2007. 外商直接投资（FDI）与农业技术国际转移的理论分析［J］. 经济问题探索（4）：51-56.

栾一博，曹桂英，史培军，2019. 中非农产品贸易强度及其国际地位演变分析［J］. 世界地理研究，28（4）：35-43.

马述忠，任婉婉，吴国杰，2016. 一国农产品贸易网络特征及其对全球价值链分工的影响——基于社会网络分析视角［J］. 管理世界（3）：60-72.

毛世平，杨艳丽，林青宁，2019. 改革开放以来我国农业科技创新政策的演变及效果评价——来自我国农业科研机构的经验证据［J］. 农业经济问题（1）：73-85.

宁军明，2008. 论知识溢出在产业集聚中的作用［J］. 科技与管理（4）：

78-80.

潘萍，江帆，2018. PPP 模式风险与政府风险应对策略 [M]. 北京：法律出版社.

秦路，楼一平，2016. 援非农业技术示范中心：成效、问题和政策建议 [J]. 国际经济合作（8）：49-54.

沈坤荣，1995. 外国直接投资与中国经济增长 [J]. 管理世界（5）：22-34.

沈琼，2016. "一带一路"战略背景下中国与中亚农业合作探析 [J]. 河南农业大学学报，50（1）：140-146.

隋广军，黄亮雄，黄兴，2017. 中国对外直接投资、基础设施建设与"一带一路"沿线国家经济增长 [J]. 广东财经大学学报，32（1）：32-43.

孙东升，刘合光，周爱莲，2007. 中非农产品贸易的结构与特征 [J]. 中国农村经济（11）：15-25.

孙致陆，李先德，2014. 农业 FDI 提升了中国农业全要素生产率吗——基于面板数据随机前沿函数模型的分析 [J]. 国际商务（对外经济贸易大学学报）（3）：54-62.

唐海燕，张会清，2009. 产品内国际分工与发展中国家的价值链提升 [J]. 经济研究（9）：81-93.

田泽，顾欣，杨欣远，2015. 我国对非洲直接投资的效率与对策 [J]. 经济纵横（11）：59-63.

汪巍，2014. 内需成非洲经济增长新动力 [N]. 国际商报（6）：27（A03）.

汪巍，2014. 中国企业赴海外投资规避风险应注意的问题 [J]. 经济研究参考（18）：39.

汪文卿，赵忠秀，2014. 中非合作对撒哈拉以南非洲国家经济增长的影响——贸易、直接投资与援助作用的实证分析 [J]. 国际贸易问题（12）：68-79.

王路，2000. 城市基础设施建设合理比例关系探析 [J]. 城市规划（5）：26-31，64.

王小鲁，樊纲，刘鹏，2009. 中国经济增长方式转换和增长可持续性 [J]. 经济研究，44（1）：4-16.

王新影，2019. PPP 模式在国际发展援助中的应用及前景展望 [J]. 区域与全球发展，3（2）：36-46，154-155.

王勇，杨兴礼，2004. 论中国企业向非洲农业投资的增长极战略 [J]. 重庆邮电学院学报：社会科学版（5）：65-69.

王自锋,孙浦阳,张伯伟,等,2014. 基础设施规模与利用效率对技术进步的影响:基于中国区域的实证分析[J]. 南开经济研究(2):118-135.

魏锴,2013. 中国农业技术引进研究[D]. 北京:中国农业大学.

温忠麟,叶宝娟,2014. 中介效应分析:方法和模型发展[J]. 心理科学进展 22(5):731-745.

吴凌芳,戴金平,2019. 中国对非援助、直接投资与非洲在全球价值链的地位提升[J]. 上海对外经贸大学学报,26(4):27-37.

吴清华,周晓时,冯中朝,2015. 基础设施对农业经济增长的影响——基于1995—2010年中国省际面板数据的研究[J]. 中国经济问题(3):29-37.

郗恩崇,徐智鹏,张丹,2013. 中国基础设施投资的全要素生产率效应研究[J]. 统计与决策(23):137-140.

薛勇军,扶涛,王焱,2012. 基础设施对经济增长促进作用的实证研究——以云南为例[J]. 经济问题(7):58-61.

杨军,2019. 浅谈中国企业在非洲投资的风险与对策[J]. 现代国企研究(8):75.

杨军,杨文倩,李明,等,2012. 中非农产品贸易结构变化趋势、比较优势及互补性分析[J]. 中国农村经济(3):44-52,67.

杨文倩,杨军,王晓兵,2013. 中非农产品贸易国别变化时空分析[J]. 地理研究,32(7):1316-1324.

杨志远,裴长洪,吴婷,2014. 服务资本要素跨国流动与服务业增长模式:一个动态影响机制——基于扩展的Grossman-Helpman模型[J]. 经济学家,2(12):48-61.

尹雷,高红,刘钟钦,2011. FDI对中国农产品加工业就业效应检验[J]. 经济研究导刊(5):43-45,128.

尹征杰,2007. 我国农业外资的经济效应实证分析[J]. 东北财经大学学报(3):13-16.

俞毅,2009. 论我国对非洲跨国农业投资的战略构建[J]. 农业经济问题(11):33-39.

喻美辞,喻春娇,2016. 国际贸易、技术创新与中国城镇劳动力的技能工资差距:基于劳动力个体微观数据的实证研究[J]. 国际贸易问题(5):16-27.

张晨,秦路,2018. 我国农业援助项目可持续发展的路径分析与对策建议——

以援非农业技术示范中心为例［J］．国际经济合作（12）：48-55．

张海冰，2012．发展引导型援助：中国对非洲援助模式探讨［J］．世界经济研究（12）：78-83，86．

张海森，谢杰，2011．中国—非洲农产品贸易的决定因素与潜力——基于引力模型的实证研究［J］．国际贸易问题（3）：45-51．

张军，高远，傅勇，等，2007．中国为什么拥有了良好的基础设施？［J］．经济研究（3）：4-19．

张影超，2012．中非经贸关系均衡性研究［D］．大连：东北财经大学．

张玉娥，曹历娟，魏艳骄，2016．农产品贸易研究中农产品范围的界定和分类［J］．世界农业（5）：4-11．

张悦，2015．发展经验的嵌入：援助实践的叙事［D］．北京：中国农业大学．

张哲，2011．我国对非洲直接投资对中非贸易影响的效应分析［J］．现代财经（天津财经大学学报），31（4）：67-71．

郑云，2011．中国农业全要素生产率变动、区域差异及其影响因素分析［J］．经济经纬（2）：55-59．

周春应，2009．对外直接投资逆向技术溢出效应吸收能力研究［J］．山西财经大学学报（8）：47-53．

周海川，2012．援非农业技术示范中心可持续发展面临的问题与对策［J］．中国软科学（9）：45-54．

周泉发，刘国道，2011．非洲小农经济状况与我国援非农业技术示范中心对策［J］．热带农业科学，31（11）：94-101．

朱月季，周德翼，汪普庆，2015．援非农业技术示范中心运行的现状、问题及对策——以中国—莫桑比克农业技术示范中心为例［J］．世界农业（9）：64-69，251-252．

ADAMS S, OPOKU E E O, 2015. Foreign direct investment, regulations and growth in sub-Saharan Africa［J］. Economic Analysis and Policy, 47: 48-56.

AGHION P, BLOOM N, BLUNDELL R, et al., 2005. Competition and innovation: an inverted-U relationship［J］. Quarterly Journal of Economics, 120 (2): 701-728.

AIGNER D, LOVELL C, SCHMIDT P, 1977. Formulation and estimation of stochastic frontier production function models［J］. Journal of Econometrics, 6 (1):

21-37.

ALDEN C, 2013. China and the long march into African agriculture [J]. Cahiers Agricultures, 22 (1): 16-21.

ALFARO L, CHANDA A, KALEMLI-OZAN S, 2006. How does foreign direct investment promote economic growth? Exploring the effects of financial markets on linkages [R]. Working Paper, Harvest Business School.

ALI D A, DEININGER K, 2015. Is there a farm size-productivity relationship in African agriculture? Evidence from Rwanda [J]. Land Economics, 91 (2): 317-343.

ALLAN R J, 1999. PPP: a review of literature and practice [R]. Saskatchewan Institute of Public Policy Paper, 4.

ANSELIN L, VERGA A, ACS Z, 1997. Local geographic spillovers between university research and high technology innovations [J]. Journal of Urban Economics (42): 422-448.

ARROW K J, 1962. The economic implication of learning by doing [J]. Review of Economics and Statistics, 29 (3).

ARTHUR W B, DURLAUF S N, LANE D A, 1997. The economy as an evolving complex system II [J]. Advanced Book Program (65): 337-367.

AUDRETSCH D B, FELDMANM P, 1996. R&D spillovers and the geography of innovation and production [J]. American Economic Review, 86 (3): 630-640.

BALASUBRAMANYAM V N, SAPSFORDS D, 1996. Foreign direct investment and growth in ep and is countries [J]. The Economic Journal, 106 (434): 92-105.

BALTABAEVB, 2014. Foreign direct investment and total factor productivity growth: New macro-evidence [J]. The World Economy, 37 (2): 311-334.

BARON R M, KENNY D A, 1986. The moderator-mediator variable distinction in social psychological research: Conceptual, strategic, and stastical consideration [J]. Journal of Perspective Social Psychology, 51: 1173-1182.

BARRO R J, 1989. Economic growth in a cross section of countries [J]. The Quarterly Journal of Economics (2): 2.

BAYOUMI T, COE D T, HELPMAN E, 1999. R&D spillovers and global growth [J]. Journal of International Economics, 47 (2): 399-428.

参考文献

BLALOCK G, VELOSO F M, 2007. Imports, productivity growth, and supply chain learning [J]. World Development, 35 (7): 1134-1151.

BLOCK S, 2010. The decline and rise of agricultural productivity in Sub-Saharan Africa since 1961 [R]. NBER Working Papers.

BORENSZTEIN E, JOSE D, JONG-WHA L, 1995. How does foreign direct investment affect economic growth [R]. NBER Working Paper 5057.

BRAUTIGAM D A, TANG X, 2009. China's engagement in African agriculture: "Down to the countryside" [J]. The China Quarterly, 199: 686-706.

BRAUTIGAM D, 2009. The dragon's gift: the real story of China in Africa [M]. New York: Oxford University Press.

BROADMAN H G, 2006. Africa's Silk Road: China and India's new economic frontier [R]. The World Bank.

BUCKLEY L, 2013. Narratives of China-Africa cooperation for agricultural development: New paradigms [R]. Future Agricultures Consortium Working Paper: 52.

BUSSE M, GRÖNING S, 2013. The resource curse revisited: governance and natural resources [J]. Public Choice, 154 (1, 2): 1-20.

CANTWELL J, 1989. Technological innovation and multinational corporations [J]. The Economic Journal, 100 (401).

CARMIGNANI F, CHOWDHURY A, 2012. The geographical dimension of the development effects of natural resources [J]. Environmental and Resource Economics, 52 (4): 479-498.

CAVES R E, 1971. International corporations: the industrial economic of foreign investment [J]. Economica, 38: 1-27.

CAVES R E, 1974. Multinational firms, competition and productivity in host-country markets [J]. Economica, 41: 176-193.

CHARNES A, COOPER W W, RHODES E, 1978. Measuring the efficiency of decision making units [J]. European Journal of Operational Research, 2 (6): 429-444.

CHEN Z, HSK K, FAN S, 2014. Steadying the ladder: China's agricultural and rural development engagement in Africa [J]. China Agricultural Economic Review, 6 (1): 2-20.

CHEUNG K Y, LIN P, 2004. Spillover Effects of FDI on Innovation in China, Evidence from the Provincial Data [J]. China Economic Review (15): 25-44.

CHICHAVA S, DURAN J, CABRAL L, et al., 2013. Chinese and Brazilian cooperation with African agriculture: the case of Mozambique [J]. Future Agricultures working paper, 49: 1-30.

CLEEVE E A, DEBRAH Y, YIHEYIS Z, 2015. Human capital and FDI inflow: an assessment of the African case [J]. World Development, 74: 1-14.

COHEN D H, SINCLAIR S A, 1989. An inventory of innovative technology use in north-american processing of wood structural panels and softwood lumber [J]. Canadian Journal of Forest Research, 19 (12): 1629-1633.

COHEN W M, LEVINTHAL D A, 1989. Innovation and learning: the Two Faces of R&D [J]. The Economic Journal, 99 (397): 569-596.

COLE D, HELPMAN E. 1995. International R&D spillovers [J]. European Economic Review, 39: 859-887.

CONLEY, 2012. Leading from behind in public-private partnership? An assessment of European engagement with the private sector in development [R]. CSIS Report.

DAS S, 1987. Externalities and technology transfer through multinational corporations: a theoretical analysis [J]. Journal of International Economics, 123: 188-206.

DRUMMOND P, LIU E X, 2015. Africa'srising exposure to China: how large are spillovers through trade? [J]. International Advances in Economic Research, 21 (3): 317-334.

DUBEY S, DONCKT M V, 2016. FAO's new macro-economic statistics: agricultural capital stock and agro-industry measurement [R]. paper submitted to Asia-Pacific Economic Statistics Week.

EATON J, KORTUM S, 1999. International technology diffusion: theory and measurement [J]. International Economic Review, 40 (3): 537-570.

ELIBARIKI, 2007. The impact of foreign direct investment on agricultural productivity and poverty reduction in Tanzania [R]. MPRA Paper.

ERIK D, 2000. Spillovers of Innovation Effects [J]. Journal of Policy Modeling, 22 (1): 27-42.

FALVEY R, GREENAWAY F D, 2002. North-South trade, knowledge spillovers and growth [J]. Journal of Economic Integration, 17 (4): 650-670.

FAN S, ZHANG X, 2004. Infrastructure and regional economic development in rural China [J]. China Economic Review, 15 (2): 203-214.

FINDLEY R, 1978. Relative Backwardness, Direct foreign investment and the transfer of technology: a simple dynamic model [J]. Quarterly Journal of Economics, 92 (1): 1-16.

FINGER J M, KREININ M E, 1979. A measure of 'export similarity' and its possible uses [J]. The Economic Journal, 89 (356): 905-912.

FOSTERC, 1999. The IMpact of FDI in the upstream and downstream sectors on investment in agriculture in the NIS [Z]. Moscow: OECD.

FUGLIE K O, 2011. Agricultural productivity in sub-Saharan Africa [C] // International Association of Agricultural Economists.

FUGLIE K, RADA N, 2013. Resources, policies, and agricultural productivity in Sub-Saharan Africa [R]. Economic research report No. 145368.

FURTNA W H, HOLZMNA J J, 2004. The Effect of FDI on agriculture and food trade: an empirical analysis [R]. Agriculture and Rural Working Paper Series Working Paper.

GERLACH A, LIU P, 2010. Resource-seeking foreign direct investment in African agriculture, a review of country case studies [R]. Rome: FAO Commodity and Trade Policy Research Working Paper.

GLASS A J. SAGGIK, 1998. International technology transfer and the technology gap [J]. Journal of Development Economics (55): 369-398.

GONG B, 2018a. The shale technical revolution-cheer or fear? Impact analysis on efficiency in the global oilfield service market [J]. Energy Policy, 112 (1): 162-72.

GONG B, 2018b. Agricultural reforms and production in China: changes in provincial production function and productivity in 1978-2015 [J]. Journal of Development Economics, 132: 18-31.

GONG B, 2020a. New growth accounting [J]. American Journal of Agricultural Economics, 102 (2): 641-661.

GONG B, 2020b. Effects of ownership and business portfolio on production in oil and gas industry [J]. Energy Journal, 41 (1): 33-54.

GONGB, 2018c. The impact of public expenditure and international trade on agricultural productivity in China [J]. Emerging Markets Finance and Trade, 54 (15): 3438-3453.

GOW H R, SWINNEN J, 2000. Impact of foreign direct investment on agriculture and agro-industry in transition economies [C]. World Bank/FAO Workshop.

GRIFFITH R, REDDING S J, SIMPSON H, 2004. Foreign ownership and productivity: New evidence from the service sector and the R&D lab [J]. Oxford Review of Economic Policy, 20 (3): 440-456.

GRILICHESZ, 1979. Issues in assessing the contribution of R&D to productivity [J]. The Bell Journal of Economics, 10 (1): 92-116.

GROBERMAN S, 1979. Foreign direct investment and spillovers efficiency benefits in Canadian manufacturing industries [J]. Canadian Journal of Economics, 12: 42-56.

GROSSMAN G M, HELPMANE, 1991. Innovation and growth in the global economy [J]. Mit Press Books, 1 (2): 323-324.

GU J, ZHANG C, VAZ A, et al., 2016. Chinese state capitalism? Rethinking the role of the state and business in Chinese development cooperation in Africa [J]. World Development, 81: 24-34.

GUTIERREZ L, GUTIERREZ M M, 2003. International R&D spillovers and productivity growth in the agricultural sector: a panel cointegration approach [J]. European Review of Agricultural Economics, 30 (3): 281-303.

HULTEN C R, 2006. Infrastructure, externalities, and economic development: a study of the Indian manufacturing industry [J]. The World Bank Economic Review, 20 (2): 291-308.

JAFFE ADAM B, 1989. Technological opportunity and spillovers of R&D: evidence from firms' patents, profits and market value [J]. American Economic Review, 76, 984-1001.

JOHNSON D K N, EVENSON R E, 1999. R&D Spillovers to Agriculture: Measurement and Application [J]. Contemporary Economic Policy, 17 (4): 432-456.

JR-TSUNG HUANG, 2004. Spillovers from Taiwan, Hong Kong and Macau Investment and from Other Foreign Investment in Chinese Industries [J]. Contemporary Economic Policy, 22 (1): 13-25.

JUDD C M, KENNY D A, 1981. Process analysis: estimating mediation in treatment evaluations [J]. Evaluation Review, 5 (5): 602-619.

KELLER W, 2002. Geographic localization of international technology diffusion [J]. American Economic Review, 92 (1): 120-142.

KINDA T, 2013. Beyond natural resources: horizontal and vertical FDI diversification in Sub-Saharan Africa [J]. Applied Economics, 45 (25-27): 3587-3598.

KOKKO A, 1996. Productivity spillovers from competition between local firms and foreign affiliates [J]. Journal of International Development, 8: 517-530.

KOKKO A, ZEJAN, 1996. Local technological capability and productivity spillovers from FDI in the Uruguayan manufacturing sector [J]. Journal of Development Studies, 32 (4): 602-611.

KRUGMAN P, 1991. Increasing returns and economic geography [J]. Journal of Political Economy, 99: 483-499.

LAMB R L, 2003. Inverse productivity: land quality, labor markets, and measurement error [J]. Journal of Development Economics, 71 (1): 71-95.

LANE P J, KOBA B R, PATHAK S, 2006. The reification of absorptive capacity: a critical review and rejuvenation of the construct [J]. Academy of Management Review, 31 (4): 833-863.

LEE H L, HERTEL T H, SOHNGEN B, et al., 2005. Towards an integrated land use data base for assessing the potential for greenhouse gas mitigation [R]. GTAP Technical Papers No. 26.

LUCAS R, 1988. On the mechanism of economic development [J]. Journal of Monetary Economics, 22 (1): 3-42.

LUIZ R, DEMELLO, 1999. Foreign direct investment and growth: evidence from time series and panel data [J]. Oxford Economic Paper (51): 1330151.

MACDOUGALL G D A, 1960. The benefits and costs of private investment from abroad: a theoretical approach [J]. The Economic Record, 36 (73): 13-35.

MAGNUS B, KOKKO A, 2003. Human capital and inward FDI [J]. Eijs Working Paper, 321 (13): 1939-1942.

MALMQUIST S, 1953. Index numbers and indifference surfaces [J]. Trabajos De Estadistica, 4 (2): 209-242.

MANSFIELD E, 1975. International technology transfer: forms, resource requirements, and policies [J]. American Economic Review, 65 (2): 372-376.

MANSFIELD E, WAGNER S S, 1981. Imitation costs and patents: an empirical study [J]. The Economic Journal, 91 (364): 907-918.

MORRISSEY O, ZGOVU E, 2011. The impact of China and India on Sub-Saharan Africa: Opportunities, challenges and policies [M]. British: Commonwealth Secretariat.

NIN-PRATT A, 2015. Inputs, productivity, and agricultural growth in Africa South of the Sahara [R]. IFPRI Discussion Paper.

OLOFSDOTTER K, 1998. Foreign direct investment, country capabilities and economic growth [J]. Review of World Economics, 134: 534-547.

OMILOLA B, LAMBERT M, 2010. Weathering the storm [J]. IFPRI discussion papers, 3 (17): 64-65.

PEGKAS P, TSAMADIAS C, 2014. Does higher education affect economic growth? The case of Greece [J]. International Economic Journal, 28 (3): 425-444.

POSNER M V, 1961. International trade and technical change [J]. Oxford Economic Papers (New Series), 13 (3): 323-341.

ROGERS E M, SHOEMAKER F F, 1971. Communication of innovations [M]. New York: Fee Press: 13-15.

ROMER, PAULM, 1986. Increasing returns and long-run growth [J]. Journal of Political Economy, 94 (5): 1002-1037.

SCHIFF M, WANG Y, 2017. Education, governance, and trade-and distance-related technology diffusion: Accounting for the Latin America-East Asia TFP gap, and the TFP impact of South America's greater distance to the North [R]. GLO Discussion Paper Series.

SCHIMMELPFENNIG D, THIRTLE C, 1999. The internationalization of agricultural technology: patents, R&D Spillovers, and their effects on productivity in the European Union and United States [J]. Contemporary Economic Policy, 17 (4): 457-468.

SCOTT J, 2000. Social network analysis, A Handbook [M]. London: Sage Publications Ltd.

SHENX, 2015. Private Chinese investment in Africa: myths and realities [J]. Development Policy Review, 33 (1): 83-106.

SMEETS R, 2008. Collecting the pieces of the FDI knowledge spillovers puzzle [J]. The World Bank Research Observer, 23 (2): 107-138.

STEVEN A, BLOCK, 1995. The recovery of agricultural productivity in sub-Saharan Africa [J]. Food Policy, 20 (5): 385-405.

SULIMAN A H, MOLLICK, ANDRÉ V, 2009. Human capital development, war and foreign direct investment in Sub-Saharan Africa [J]. Oxford Development Studies, 37 (1): 47-61.

SUNDE T, 2017. Foreign direct investment, exports and economic growth: ADRL and causality analysis for South Africa [J]. Research in International Business and Finance, 41: 434-444.

TERUEL R G, KURODA Y, 2005. Public infrastructure and productivity growth in Philippine agriculture, 1974-2000 [J]. Journal of Asian Economics, 16 (3): 555-576.

THOMAS D, FRANKENBERG E, 2002. Health, nutrition and prosperity: a microeconomic perspective [J]. Bull World Health Organ, 80 (2): 106-113.

ULIMWENGU J M, FUNES J, HEADEY D D, et al., 2015. The impact of transport infrastructure on agricultural production and poverty reduction in the Democratic Republic of Congo [R]. IFPRI Discussion Papers.

VAN DEN BOSCH F A J, VOLBERDA H W, DE BOER M, 1999. Coevolution of firm absorptive capacity and knowledge environment: organizational forms and combinative capabilities [J]. Organization Science, 10 (5): 551-568.

VERNON R, 1966. International investment and international trade in the product cycle [J]. Quarterly Journal of Economics, 80 (2): 190-207.

WALKENHORST P, 2000. Foreign direct investment, technological spillovers and the agricultural transition in Central Europe [J]. Post-Communist Economies (1): 61-75.

WALZ U, 1997. Innovation, foreign direct investment and growth [J]. Economica, 64 (253): 63-79.

WANG J Y, BLOMSTROM M, 1992. Foreign investment and technology transfer, a simple model [J]. European Economic Review, 36 (1): 137-155.

WANG Y, YAO Y, 2003. Sources of China's economic growth 1952-1999: incorporating human capital accumulation [J]. China Economic Review, 14 (1): 32-52.

WEISBROD A, WHALLEY J, 2011. The contribution of Chinese FDI to Africa's pre crisis growth surge [R]. National Bureau of Economic Research.

WU X, SICKLES R, 2018. Semiparametric estimation under shape constraints [J]. Econometrics and statistics, 6: 74-89.

XU X, LI X, QIG, et al., 2016. Science, technology, and the politics of knowledge: The case of China's agricultural technology demonstration centers in Africa [J]. World Development, 81 (1): 82-91.

XUB, 2000. Multinational enterprises, technology diffusion, and host country productivity growth [J]. Social Science Electronic Publishing, 62 (2): 477-493.

ZAHONOGOP, 2016. Trade and economic growth in developing countries: Evidence from sub-Saharan Africa [J]. Journal of African Trade, 3 (1-2): 41-56.

ZAHRA S A, GEORGE G, 2002. Absorptive capacity: a review, reconceptualization, and extension [J]. Academy of Management Review, 27 (2): 185-203.

ZEKARIAS S M, 2016. The impact of foreign direct investment (FDI) on economic growth in Eastern Africa: Evidence from panel data analysis [J]. Applied Economics and Finance, 3 (1): 145-160.